O UNIVERSO DA LINGUAGEM
Sobre a língua e as línguas

Proibida a reprodução total ou parcial em qualquer mídia
sem a autorização escrita da editora.
Os infratores estão sujeitos às penas da lei.

A Editora não é responsável pelo conteúdo deste livro.
O Autor conhece os fatos narrados, pelos quais é responsável,
assim como se responsabiliza pelos juízos emitidos.

Consulte nosso catálogo completo e últimos lançamentos em **www.editoracontexto.com.br.**

O UNIVERSO DA LINGUAGEM
Sobre a língua e as línguas

Aldo Bizzocchi

Copyright © 2021 do Autor

Todos os direitos desta edição reservados à
Editora Contexto (Editora Pinsky Ltda.)

Montagem de capa e diagramação
Gustavo S. Vilas Boas

Preparação de textos
Do autor

Revisão
Lilian Aquino

Dados Internacionais de Catalogação na Publicação (CIP)

Bizzocchi, Aldo
O universo da linguagem : sobre a língua e as línguas / Aldo Bizzocchi. – São Paulo : Contexto, 2021.
224 p. : il.

ISBN 978-65-5541-135-5

1. Linguística I. Título

21-4110   CDD 410

Angélica Ilacqua – Bibliotecária – CRB-8/7057

Índice para catálogo sistemático:
1. Linguística

2021

EDITORA CONTEXTO
Diretor editorial: *Jaime Pinsky*

Rua Dr. José Elias, 520 – Alto da Lapa
05083-030 – São Paulo – SP
PABX: (11) 3832 5838
contexto@editoracontexto.com.br
www.editoracontexto.com.br

Para Eloísa, eterno amor da minha vida

Sumário

PREFÁCIO 11

PARTE I
UMA CIÊNCIA CHAMADA LINGUÍSTICA

LÍNGUA E LÍNGUAS 17
O universo da linguagem 17
A língua e o jogo de xadrez 37
Objetos e pontos de vista 42
A linguagem, a comunicação e a cultura 44
Como e por que as línguas mudam? 46
Línguas e dialetos 50
O que é uma língua? 56
Universais linguísticos: genética ou protolíngua? 59
A morte das línguas 61

A EVOLUÇÃO LINGUÍSTICA 65
A língua mais antiga 65
O darwinismo da linguagem 69
Em busca das laringais perdidas 74

A LINGUÍSTICA ENTRE AS CIÊNCIAS 79
Linguística: ciência exata? 79
De linguagem, planetas e empresas 82
Propriedades emergentes 86
O *quantum* da língua 88

PARTE II
A MECÂNICA DA LÍNGUA

AS CATEGORIAS DA LÍNGUA 95
Como nascem os sotaques? 95
O gênero da natureza 98
Os muitos números da língua 102
Os modos da realidade 105
Uma breve história do tempo… verbal 109
As coordenadas do idioma 112
Na ponta dos dedos 115
O filtro das incertezas 117

PALAVRAS, PALAVRAS 121
O guarda-chuva da palavra 121
A camuflagem chamada "palavra" 125
É junto ou separado? 128
O cimento do texto 129
A desmontagem dos vocábulos 132
Mudança de endereço 135
Palavras que vão e voltam 139
Atração pelos opostos 142
Viajando na história das palavras 143

PARTE III
LINGUAGEM, CULTURA E VISÕES DE MUNDO

O RELATIVISMO CULTURAL 151
Quantas cores tem o arco-íris? 151
O recorte do real 154
Os sentimentos são universais? 158

A LÍNGUA E A CULTURA 161
    O ovo e a galinha 161
    A mentalidade de cada língua 164
    Ser ou estar: eis a questão 168

PARTE IV
A LINGUAGEM E A MENTE

PENSAMENTO E REALIDADE 173
    Como pensamos a realidade 173
    A "língua" do pensamento 186
    Sob o jugo da metáfora 188
    O bom e o melhor 191

O PODER DA ABSTRAÇÃO 195
    O que os signos significam? 195
    Como o *não* revolucionou o pensamento 198
    O sentido linguístico da vida 203
    A insustentável leveza do nada 205
    A ilusão da linguagem 208

LINGUAGEM, MENTE E CÉREBRO 211
    A teia mental 211
    No labirinto da mente 214

AGRADECIMENTOS 217
BIBLIOGRAFIA 219
O AUTOR 223

Prefácio

Três características básicas nos distinguem dos outros animais: o andar ereto, que deixou nossas mãos livres para pegar e fabricar coisas; um cérebro superdesenvolvido, que permitiu o domínio da natureza; e a linguagem articulada, que possibilita não só uma comunicação eficiente como o pensamento lógico e abstrato. Das três características, foi esta última a que representou nosso maior salto evolutivo, afinal nossos antepassados tiveram habilidade manual e inteligência por milhares de anos, mas somente a partir do momento em que despontou a aptidão simbólica, primeiramente nas pinturas e inscrições rupestres e, a seguir, com a invenção da escrita, a espécie humana passou de uma organização social tribal para a civilização.

Como aprendemos a falar na mais tenra infância e sem maior esforço, além de usarmos a linguagem no dia a dia da forma mais corriqueira, não nos damos conta do grande prodígio que é falar. A língua é não só um sofisticadíssimo sistema de comunicação de nossos pensamentos e sentimentos, mas sobretudo o instrumento que nos possibilita ter consciência de nós mesmos e da realidade à nossa volta.

Há muito tempo teólogos, filósofos e cientistas se indagam sobre o chamado "mistério das três origens" – do Universo, da vida e da consciência –, e, das três, a mais embaraçosa para o nosso intelecto é exatamente a terceira, pois, sem a consciência, o próprio questionamento sobre a existência do Universo e da vida não seria possível.

Pois a consciência surge no momento em que se instaura em nossa mente a linguagem: bebês em fase pré-linguística não parecem ser autoconscientes; ao contrário, quando adquire a língua, por volta do segundo ano de vida, a criança sofre uma "amnésia" de sua existência anterior.

Apesar da importância crucial da linguagem em nossa vida, o estudo da língua ficou durante séculos relegado a segundo plano, resumindo-se a descrições pouco científicas deste ou daquele idioma de maior prestígio, e sempre de uma perspectiva predominantemente normativa. A linguística, ciência que estuda as línguas e a aptidão humana para a linguagem, tem apenas 200 anos de existência, só se dissociou definitivamente da gramática há cerca de 100 anos e, por tudo isso, é ainda pouco conhecida da maioria das pessoas.

No entanto, há uma imensa curiosidade sobre muitas questões ligadas à língua. Por que falamos? Como e quando a linguagem surgiu? Por que as línguas evoluem? Como nascem as palavras? Como a mente processa a linguagem? Como as línguas funcionam? Qual a relação entre a língua que falamos e o modo como vemos o mundo? A língua está mesmo se degenerando? Os outros idiomas são uma ameaça ao nosso?

Este livro reúne diversos ensaios que tratam do português e das línguas em geral, bem como de questões ligadas à linguagem humana e suas relações com a mente, a sociedade, a cultura e a civilização. A maioria deles é a adaptação de artigos publicados em minha coluna mensal na extinta revista *Língua Portuguesa*. Alguns deles foram publicados em outros veículos, bem como há alguns inéditos ou que haviam sido divulgados apenas em meu site pessoal. De toda forma, os textos originais foram em grande parte reeditados, atualizados, ampliados e, em alguns casos, combinados para ganhar maior organicidade no formato livro.

A obra divide-se em quatro partes. Na parte I, "Uma ciência chamada linguística", procuro situar o leitor nas questões básicas da investigação nesse campo, como a definição de língua, a evolução linguística e as analogias entre os problemas e os métodos dessa ciência e das ciências naturais.

A parte II, "A mecânica da língua", dedica-se a explicar o funcionamento das línguas em geral e da nossa em particular, desde os aspectos fonéticos, passando pelos gramaticais, até chegar às palavras, abordando questões espinhosas e polêmicas como o empréstimo e o estrangeirismo.

A parte III, "Linguagem, cultura e visões de mundo", trata de nossa relação com a realidade circundante por meio da língua que falamos. Aqui são abordadas questões como o relativismo cultural e o modo como a visão que cada povo tem do mundo varia segundo a língua. Longe de vermos as coisas como são, vemos o que a nossa língua nos mostra. E como a língua é nosso principal ou único instrumento de pensamento, tendemos a confundir o real fora de nós com a representação mental que dele fazemos – representação esta formatada pela linguagem.

Finalmente, a parte IV, "A linguagem e a mente", discute, dentre outras coisas, como o cérebro processa a linguagem, como a mente cria as representações internas que são o arcabouço do nosso próprio pensamento e a matriz de todas as manifestações simbólicas que podemos realizar, seja em nosso idioma nativo, em língua estrangeira ou em códigos não verbais (desenhos, gestos etc.), além de tratar das "ilusões" criadas pela linguagem, das quais a maioria de nós não tem a menor consciência.

O objetivo deste livro é discutir algumas ideias relativas à língua e à sua compreensão de um ponto de vista científico, levantando questões que considero relevantes e mesmo apaixonantes, as quais não haviam até o momento recebido a devida atenção.

Este não é um livro didático nem deve ser tomado como tal, embora possa, acredito, ser útil como leitura complementar no ensino de língua. De todo modo, o espírito que norteou a elaboração dos ensaios aqui contidos, e que norteia toda a minha atividade de pesquisador, pensador, colunista, conferencista e divulgador das ciências da linguagem, é o de levar ao leitor o deleite da reflexão sobre questões que têm um profundo impacto em nossa vida, embora não nos demos conta. Em suma, esta obra pretende ser um convite à contemplação da beleza e poesia contidas na linguagem e na ciência.

PARTE I

UMA CIÊNCIA CHAMADA LINGUÍSTICA

Língua e línguas

O UNIVERSO DA LINGUAGEM

Quando se fala em ciência, as pessoas logo pensam em coisas como física, astronomia, biologia, enfim, as chamadas ciências naturais, e muitas vezes esquecem que as ciências humanas também são ciências. No entanto, muitas delas têm um rigor metodológico comparável ao das ciências naturais, utilizando até ferramentas como a lógica e a matemática para descrever seus objetos de estudo e construindo teorias às vezes tão complexas quanto as da física ou da biologia.

Para que as ciências humanas se tornassem de fato "ciências", foi decisiva a contribuição da linguística. Ainda em fins do século XVIII, ela foi a primeira disciplina de humanidades a incorporar o método científico, o qual a seguir emprestou a outros domínios das humanidades, que também assumiram o status de ciências.

Para entender como isso aconteceu, vamos fazer uma viagem no tempo, começando pela Antiguidade, quando o interesse e a curiosidade a respeito da linguagem humana começa a inquietar os filósofos e sábios, passando pelas diversas etapas históricas que essa questão atravessou, até chegarmos ao momento atual. Procuraremos compreender como o conhecimento sobre o assunto evoluiu ao longo da história e por que o estudo científico da linguagem é importante para a compreensão da própria civilização humana.

Na verdade, a linguagem é tão importante que, sem ela, não seríamos capazes de pensar, pois tudo o que pensamos se estrutura na forma de algum código, seja ele verbal, visual, sonoro, gestual etc. Como disse o filósofo grego Parmênides de Eleia (535-450 a.C.), "ser e pensar são uma só e a mesma coisa", o que, de fato, faz sentido: não se pode pensar o nada. René Descartes, no século XVII, disse a famosa frase "penso, logo existo". Eu iria mais longe dizendo "penso, logo o Universo existe". Afinal, se não houvesse no cosmo seres inteligentes capazes de contemplá-lo e constatar sua existência, seria o mesmo que se o Universo simplesmente não existisse. Afinal, é preciso que haja uma consciência pensante que olha para o mundo à sua volta e toma conhecimento dele para que esse mundo exista. Em outras palavras, a realidade só existe para nós porque estamos aqui para constatar sua existência: é a consciência que instaura o existir.

Não é à toa que em várias doutrinas o conceito de existência está intimamente ligado à palavra: o filósofo grego Heráclito (540-480 a.C.) chamou de *Logos*, "palavra, fala, linguagem", o princípio universal do Ser, ao mesmo tempo palavra e pensamento. Na mesma linha, a Bíblia, em João (1: 1), afirma que no princípio era o Verbo, isto é, a palavra. O conceito de linguagem está diretamente ligado à própria ideia da Criação. O livro sagrado também diz, no Gênesis (2: 19), que Deus criou o mundo e tudo o que nele existe, mas não deu nome às coisas que criou; antes, deixou que o homem as nomeasse.

Se é impossível conhecer a realidade em si, mas só podemos fazer dela uma imagem baseada em nossos sentidos e nosso pensamento, e se pensamento é linguagem, então a compreensão científica do que é a linguagem é a base para todo e qualquer outro conhecimento que possamos ter a respeito da natureza e de nós mesmos. Apesar de a linguagem estar na origem de todo conhecimento humano, a ciência que se encarrega de estudá-la, a linguística, ainda é pouco conhecida. Por isso, vamos falar um pouco sobre ela.

A origem da linguagem

Quando se discute a questão da linguagem, a primeira pergunta que se faz é "por que o homem fala?". Na realidade, todos os animais têm alguma forma de linguagem, ou seja, algum sistema de comunicação entre eles. No entanto, o homem é o único animal a ter uma linguagem articulada, isto é, capaz de expressar todas as nuances do pensamento. Enquanto os diversos ruídos produzidos pelos animais servem apenas para expressar ideias genéricas de sentimentos como fome, dor ou medo, a linguagem humana permite expressar um sem-número de pensamentos, inclusive conceitos abstratos. Essa capacidade de pensar e expressar seu pensamento de modo articulado, aliada à capacidade de usar as mãos para transformar a natureza, é o que distingue o ser humano dos outros animais.

Existem várias teorias sobre como o homem começou a falar, como passou de simples grunhidos inarticulados a um sistema de elementos (as palavras) que se combinam por meio de regras (a gramática) para formar pensamentos complexos. A explicação mais recente sobre esse problema é a chamada teoria da torre de Babel, cujo nome se inspira na lenda bíblica de que, no princípio, todos os homens falavam uma mesma língua. Como castigo à ambição humana de chegar até os céus construindo uma torre, Deus teria confundido a língua dos homens, fazendo com que eles não mais se entendessem.

Segundo essa teoria, a capacidade humana para desenvolver uma linguagem é, como nos outros animais, produto da herança genética, o que significa que todos nascemos com uma aptidão inata para aprender qualquer língua. Se nós brasileiros falamos português, é porque é essa a primeira língua com que temos contato na infância. Essa aptidão inata para aprender uma língua deve remontar a alguns milhões de anos atrás, aos nossos ancestrais biológicos, os hominídeos. É claro que os hominídeos mais primitivos simplesmente grunhiam. Com o tempo e a evolução biológica, esses indivíduos foram se humanizando, aprendendo a andar eretos, a fabricar instrumentos e a falar. Assim, a fala articulada seria o resultado de uma lenta evolução a partir de um código primitivo de grunhidos herdado geneticamente. Isso coloca a questão de que, nos primórdios da linguagem humana, quando os grunhidos instintivos foram sendo pouco a pouco articulados, formando palavras e frases, a língua primitiva do homem deveria ser uma só (daí o nome de torre de Babel dada a essa teoria), tendo-se fragmentado em muitos dialetos diferentes à medida que a população humana foi se espalhando pelo planeta. A tese atualmente aceita é a de que a espécie humana atual, o *Homo sapiens*, teria se originado na África há cerca de 200 mil anos e de lá se espalhado pelos outros continentes. Portanto, essa língua-mãe de todas as línguas – chamada pelos linguistas de *proto-world* ou *proto-sapiens* – teria sido falada há vários milhares de anos.

Como veremos mais adiante, no capítulo "O que é uma língua?", a teoria da torre de Babel, mais conhecida como teoria monogênica ou unilocal, sofre a concorrência da teoria poligênica ou multilocal, segundo a qual a aptidão linguística teria emergido independentemente em vários grupamentos humanos, simultaneamente ou não.

Mas a especulação sobre a origem da linguagem é bem anterior a essas teorias. No *Crátilo*, Platão (428-347 a.C.) já se interrogava se a linguagem humana é produto da natureza ou resultado de uma convenção social. No século XVIII, o filósofo suíço Jean-Jacques Rousseau formulou a hipótese de que o homem originalmente se comunicava cantando como os pássaros e, portanto, a música seria a origem da língua. Hoje se acredita que a aptidão linguística seja inata, mas as línguas são criações feitas pela comunidade dos falantes e, por isso, são instituições sociais.

A origem dos estudos linguísticos

Por volta do século VI a.C., um indiano chamado Panini fez a primeira descrição minuciosa e sistemática de uma língua, ao elaborar uma gramática do sânscrito, língua sagrada da Índia clássica. O trabalho de Panini de descrição dos mecanismos de funcionamento do sânscrito é admirável até hoje.

Mas é na Grécia antiga, a partir sobretudo do século V a.C., que começa a haver uma especulação verdadeiramente racional sobre a linguagem. Como, para os filósofos gregos, linguagem e pensamento são a mesma coisa, a compreensão do pensamento passa necessariamente pelo estudo da linguagem. Quando Aristóteles (384-322 a.C.) postulou suas famosas categorias do pensamento (a substância, o atributo, a ação etc.), estava na verdade propondo aquilo que hoje conhecemos por classes gramaticais: substantivo, adjetivo, verbo...

Entretanto, é curioso que a preocupação com a descrição da língua de uma determinada civilização quase nunca ocorre quando esta se encontra em seu apogeu, mas em geral começa quando a sociedade que a fala entra em decadência. O estudo da língua assume, assim, um certo tom saudosista, procurando resgatar o período áureo daquela cultura, marcada pela presença dos grandes autores, os chamados "clássicos". A Grécia não foi exceção, e o estudo sistemático do grego só começou no século IV a.C., quando a Grécia não estava mais no auge de seu esplendor. As cidades gregas, que haviam sido, um século antes, centros da civilização helênica, agora se encontravam sob o domínio de Alexandre, o Grande, cujo império se estendia do mar Egeu à Índia ocidental, incluindo parte do Egito, onde fundou Alexandria, a cidade que leva seu nome, logo transformada em polo cultural, famosa por sua biblioteca e pelo grande número de sábios que lá trabalhavam.

Foram justamente esses sábios que iniciaram a codificação da gramática grega. Saudosos dos tempos em que Atenas era uma cidade livre e berço de grandes filósofos, poetas, escritores e artistas, os sábios de Alexandria formularam a hipótese, hoje conhecida como *concepção clássica* ou *imperial de língua*, de que as línguas, como os impérios, conhecem três fases em seu desenvolvimento: *a)* um período de formação, em que a língua, ainda pobre e rude, é falada por pastores e camponeses, quando surgem os primeiros autores; *b)* um período em que a língua se encontra em seu apogeu, revelando os grandes autores clássicos; e *c)* um período de decadência, em que a língua começa a se degenerar e a produção literária cai sensivelmente de qualidade. Em resumo, toda língua de cultura passaria por três estágios: arcaico, clássico e tardio. Não por acaso, o período clássico da língua coincidiria com a fase de apogeu político e econômico do Estado em que é falada. Essa concepção levou os sábios alexandrinos a eleger o grego do século V a.C., auge do poderio político e econômico de Atenas, como o modelo de língua a ser seguido.

Nessa perspectiva, a gramática foi definida como "a arte de escrever com correção e elegância" e tinha um caráter eminentemente normativo, isto é, era um conjunto de regras a serem seguidas por todos aqueles que pretendessem escrever bem. Essas regras eram estabelecidas tendo por critério o uso que os grandes autores do passado – os "clássicos" – fizeram da língua.

Todavia, para estabelecer essas regras, os gramáticos precisavam primeiro certificar-se de quais versões de um mesmo texto clássico iriam utilizar. Como as obras clássicas estavam afastadas no tempo às vezes vários séculos, era comum que houvesse diversas variantes de um mesmo texto, bem como muitas passagens de uma determinada obra se haviam tornado obscuras em razão da mudança da língua com o tempo. Para estabelecer a forma mais fidedigna e próxima ao original de uma obra antiga e esclarecer o significado de suas passagens mais obscuras é que foi criada também a filologia. Só que, para estabelecer qual dentre as muitas versões de uma obra era a mais confiável, os filólogos valiam-se das regras da gramática, já que, por definição, os grandes escritores escrevem bem e não cometem erros gramaticais (!). Mas, se as regras da gramática eram estabelecidas com base nos dados fornecidos pela filologia, e a reconstituição das obras literárias feita pelos filólogos dependia das regras da gramática, pode-se ver que a gramática normativa e a filologia apresentavam entre si uma petição de princípio, caindo num círculo vicioso interminável.

Apesar de equivocada, essa concepção de língua está presente entre nós até hoje. Afinal, pensamos em Camões ou Machado de Assis como clássicos da língua portuguesa (estaríamos, por conseguinte, vivendo agora a "decadência" da língua). Igualmente, vemos os povos nativos como seres primitivos, donos de uma cultura e uma língua "arcaicas". A persistência dessa concepção tem levado a resultados catastróficos, como o extermínio de populações "primitivas", consideradas inferiores, por populações que se consideram mais avançadas, o que dá margem a conflitos étnicos e genocídios. E o mais incrível, poucos têm consciência de sua origem na concepção clássica de língua.

Também se deve à Grécia antiga a primeira concepção de signo linguístico, que Aristóteles definiu como um som com significado estabelecido. Assim, a palavra *cão* representaria o animal cão por força de uma convenção estabelecida entre os falantes muito tempo atrás. Segundo Platão, existem duas realidades: a realidade imanente, ou *mundo real*, e a transcendente, ou *mundo ideal*. O mundo real, ou mundo das Coisas (*res* em latim), é aquele que habitamos, povoado de objetos materiais; já o mundo ideal, ou das Ideias (*ideae* em latim), é um mundo de formas sem substância, atingível apenas pelo pensamento. Os signos seriam então objetos do mundo real, isto é, Coisas, que representam objetos do mundo ideal, portanto Ideias.

Língua e signo na Idade Média

A Idade Média foi um período histórico de grande obscurantismo, durante o qual o pouco de conhecimento que se tinha havia sido herdado da tradição greco-romana e era conservado fundamentalmente nos mosteiros, onde o trabalho paciente dos monges de copiar os antigos escritos gregos e latinos permitiu que essas obras chegassem até a atualidade. O que se sabia a respeito da linguagem na época medieval devia-se basicamente ao pensamento de Aristóteles e alguns outros filósofos antigos, influenciado pela doutrina cristã. A grande síntese do pensamento medieval foi feita no século XIII por são Tomás de Aquino na sua *Suma teológica*, em que adaptou as ideias de Aristóteles, chegadas até ele por intermédio dos filósofos árabes Averróis e Avicena, aos dogmas da Igreja.

Nessa época, uma questão essencial agitava o meio eclesiástico: adorar imagens é ou não pecado? Um dos Dez Mandamentos da lei mosaica diz que não se deve construir nem adorar imagens da divindade; por outro lado, a Igreja Católica sempre teve seus templos decorados com inúmeras imagens religiosas. Para solucionar esse dilema, são Tomás propôs a seguinte teoria: se adorarmos as imagens de Jesus e dos santos enquanto objetos em si, estaremos de fato cometendo um pecado; no entanto, se entendermos que essas imagens são representações, isto é, signos da divindade, então adorá-las não é pecado, pois o que se está adorando não é a imagem em si, mas a divindade que ela representa. Desse modo, são Tomás contribuiu para enunciar uma concepção metonímica de signo: "o signo é a parte menor, material e visível, de uma realidade maior, imaterial e invisível". Nesse sentido, a imagem do santo era uma parte do próprio santo, um crucifixo era a manifestação material do próprio Cristo, a palavra *Deus* a manifestação do próprio Deus, e assim por diante.

Essa visão medieval ainda sobrevive: muitas pessoas temem pronunciar os nomes de certas doenças por temer atraí-las para si. Da mesma forma, nossa língua consagrou muitos eufemismos para designar o Diabo (o cão, o tinhoso, o maligno, o príncipe das trevas) por medo de pronunciar seu nome, assim como muitos evitam pronunciar o nome de Deus por acharem que isso equivaleria a invocá-lo (e outro dos Mandamentos proíbe que se invoque Deus em vão).

Na verdade, alguns estudiosos acreditam que a origem da interdição de pronunciar o nome de Deus – Jeová ou Javé em hebraico – está na impossibilidade de escrevê-lo, já que o hebraico, como as demais línguas semíticas, não grafa vogais, somente consoantes. Como Javé (pronunciado Iaué) é composto apenas de vogais, não pode ser escrito no alfabeto hebraico. Por isso, os judeus costumavam substituí-lo por *Adonai*, "o Senhor"; daí o costume que perdura até hoje de se referir a Deus como o Senhor.

A principal influência que o espírito medieval exerceu na especulação sobre a linguagem foi a recusa do ponto de vista racional (a aversão à ciência e ao estudo racional da natureza remonta ainda a santo Agostinho, teólogo do século V) e sua substituição pelo dogma religioso. Até questões meramente linguísticas eram não raro arbitradas por sacerdotes e teólogos, sempre à luz da Bíblia.

Idade Moderna: o Renascimento e a escola de Port-Royal

A concepção medieval do signo foi substituída na Renascença por outra que enfatizava o caráter material dos signos, bem de acordo com a visão de mundo antropocêntrica que caracterizou esse período da história. Para os pensadores renascentistas, todo signo é signo de alguma coisa: *stat aliquid pro aliquo*. A linguagem seria então um sistema racional de descrição da natureza criado pelo homem, cujos signos são representações adequadas da realidade. O que esses pensadores jamais esclareceram é o que eles entendiam por "representação adequada da realidade", isto é, de que maneira uma determinada representação da realidade é adequada ou não a essa mesma realidade, ou mesmo se há representações mais adequadas do que outras. Entretanto, essa crença na adequação da linguagem motivou – e motiva ainda – muitos preconceitos, fonte até de conflitos em certos casos, quando um falante de determinada língua acha que as designações das coisas em seu próprio idioma são melhores ou mais "naturais" do que as de outros. Por isso, é possível que algum brasileiro se pergunte por que os ingleses chamam de *dog* aquilo que todos nós sabemos que é um cão, como se o nome "verdadeiro" desse animal fosse *cão* e não *dog*.

Mas a grande contribuição dada pela Idade Moderna nesse campo foi o estabelecimento das primeiras gramáticas das línguas europeias. Até o fim da Idade Média, apenas o grego e o latim eram considerados idiomas de civilização, e neles eram escritos todos os textos da esfera da cultura: tratados jurídicos, leis, obras de filosofia, ciência, medicina, teologia etc. Às chamadas línguas vulgares – português, francês, inglês etc. – reservava-se apenas a poesia, a prosa literária e o teatro. A partir do Renascimento, sobretudo com a invenção da imprensa no século XV, essas línguas passam a ter o caráter de idiomas nacionais e de cultura. Por isso, torna-se necessária a normatização de seu uso, com o estabelecimento de uma ortografia padronizada e de uma gramática fortemente regulamentada, como forma de refrear a evolução e a inovação livres dos dialetos. Surgem então as primeiras academias, como a Accademia della Crusca, fundada em Florença em 1572, e a Academia Francesa, criada em 1634, cuja missão era zelar pela pureza da língua.

Dentre os principais representantes do espírito purista da época estão François de Malherbe (1555-1628), poeta e crítico literário que propugnou o cultivo de uma forma castiça da língua, Claude Favre de Vaugelas (1585-1650), autor das *Remarques sur la langue française* (Observações sobre a língua francesa), de 1647, e grande disciplinador do uso da língua, e Nicolas Boileau-Despréaux (1636-1711), defensor incondicional do bom uso da linguagem. A Academia Francesa também se encarregou da elaboração de seu famoso dicionário, publicado em 1694.

O modelo da Academia Francesa foi seguido pela maioria das academias de outros países, inclusive a Academia Brasileira de Letras. O espírito purista da gramática francesa também inspirou a maioria das gramáticas normativas. É por isso mesmo que a gramática da língua portuguesa parece tão conservadora aos olhos dos falantes, sobretudo brasileiros: é que a gramática se constitui segundo um modelo do século XVII e toma como padrão de correção e elegância o uso linguístico dos "clássicos", em sua maioria autores do século XIX, especialmente portugueses.

Mas, paralelamente a essa corrente purista, que advogava o "bom uso" da língua, fundado nos hábitos da classe culta da sociedade, desenvolvia-se na França outra corrente de pensamento, bastante influenciada pelo racionalismo cartesiano, portanto bastante apegada à lógica e à razão: é a chamada escola de Port-Royal, sediada no convento de mesmo nome, nos arredores de Paris. Os gramáticos de Port-Royal publicaram em 1660 a *Grammaire générale et raisonnée* (Gramática geral e raciocinada), que procura pôr em relevo a estrutura racional da linguagem, ou seja, a lógica que subjaz à língua. Sua teoria é a de que a linguagem é fundamentalmente lógica e universal. Se os discursos das pessoas nem sempre são lógicos e quase nunca universais, se a comunicação entre elas dá origem a tantos mal-entendidos e conflitos, isso se deve à natureza imperfeita do ser humano. Em outras palavras, as pessoas são imperfeitas, e assim também seus discursos; mas subjacente a eles está uma ordem em tudo perfeita e universal: a ordem da língua. O pensamento desses gramáticos lembra muito a oposição entre o mundo ideal e o mundo real da filosofia grega: os discursos imperfeitos dos homens são manifestações concretas de uma perfeição superior, divina. Desse modo, a natureza última da linguagem deveria, segundo Port-Royal, ser buscada na teologia. A causa da imperfeição e incoerência dos discursos humanos era, em última análise, o pecado.

O século XIX e o método histórico-comparativo

O século XIX marca o surgimento da linguística como ciência e sua separação definitiva da gramática e da filosofia da linguagem. O método de estudo adotado pelos linguistas do século XIX é conhecido como histórico-comparativo, e sua origem remonta ao final do século XVIII, na Índia, então colônia da Inglaterra. Foi lá que um alto funcionário da Coroa britânica, o juiz da Suprema Corte de Calcutá *Sir William Jones*, tomou contato com o sânscrito, língua na qual estão escritos, dentre outros, os Vedas, textos sagrados do hinduísmo, que datam do segundo milênio a.C.

Jones, que tinha grande conhecimento de línguas clássicas e modernas, percebeu uma curiosa semelhança entre o sânscrito, o grego, o latim e as línguas germânicas, como o inglês, por exemplo. Como não havia nenhuma evidência histórica de contato entre a Europa e a Índia, e os textos em sânscrito eram muito mais antigos que os gregos ou latinos, Jones formulou a hipótese de que todas essas línguas eram aparentadas entre si, ou seja, tinham uma ancestral comum. Tal hipótese deu origem a um estudo sistemático da história dessas línguas, por meio da comparação das formas. Semelhanças e diferenças sistemáticas entre as palavras das diversas línguas estudadas permitiriam a reconstrução da forma primitiva que teria dado origem às formas derivadas conhecidas. Chegou-se desse modo a reconstruir, por comparação entre o sânscrito e as línguas europeias historicamente documentadas, uma língua hipotética chamada *indo-europeu*, que teria sido falada em algum lugar entre a Europa Oriental e o Oriente Médio cerca de 4 mil anos a.C., muito antes da invenção da escrita.[1]

Embora não exista nenhum registro direto dessa língua, seu vocabulário e sua gramática são hoje razoavelmente bem conhecidos graças ao processo de reconstrução por comparação. Por exemplo, comparando o sânscrito *vṛkas*, o grego *lykos*, o latim *lupus*, o gótico *wulfs*, o lituano *vilkas* e o eslavônico *vlukus*, dentre outros, chegou-se à palavra hipotética indo-europeia *$wlk^{w}os$,[2] que significa "lobo". A seguir, o mesmo processo foi aplicado aos demais idiomas conhecidos, resultando na classificação de todas as línguas conhecidas em famílias linguísticas, num procedimento bastante semelhante ao usado pela biologia ao classificar animais e plantas em filos, classes, ordens, famílias, gêneros e espécies. Aliás, a biologia, que no século XIX era a ciência de maior prestígio, acabou sendo o grande modelo em que se inspirou a linguística histórico-comparativa. Os linguistas da época chegaram a comparar a língua a um organismo vivo, que nasce, cresce, se desenvolve, se reproduz e morre. Daí o surgimento de expressões como "língua viva", "língua morta", "língua-mãe", "línguas-filhas", "línguas-irmãs", e assim por diante.

De mentalidade fortemente positivista e determinista, a linguística do século XIX dedicou-se à busca de leis fonéticas sem exceção que explicassem a evolução das línguas através do tempo. Um dos méritos do método histórico-comparativo foi o de mostrar que o erro gramatical ou de pronúncia característico dos falantes menos escolarizados é, na verdade, uma inovação que, se aceita pela comunidade dos falantes, tem seu uso disseminado e provoca a mudança da língua, representando uma evolução. É dessa maneira que o latim *fenestra* deu o português *fresta* ou a colocação do pronome *me* numa expressão como "estou me penteando", antigamente considerada errada, hoje está consagrada pelo uso, inclusive na literatura.

Por outro lado, a grande insuficiência desse método é que ele não explica como a língua funciona, apenas como evolui. É evidente que a mudança linguística decorre do próprio uso que os falantes fazem da língua, mas a linguística histórico-comparativa não se ocupou da explicação das causas dessa mudança, limitando-se apenas a descrevê-la. Por isso, em fins do século XIX, uma vez catalogadas e classificadas todas as línguas do mundo então conhecidas e reconstruída toda a sua história, a pesquisa histórico-comparativa se esgotou. A percepção desse esgotamento fez o linguista suíço Ferdinand de

Saussure (1857-1913), ele próprio um dos mais eminentes histórico-comparatistas, propor uma nova abordagem, que deu origem à linguística moderna. Por isso, Saussure é justamente considerado o "pai da linguística", conforme veremos a seguir.

Saussure e o nascimento da linguística moderna

Para ter a exata medida da grandeza da figura de Saussure, é importante conhecer sua vida e a forma como suas ideias vieram a lume. Como já foi dito, Saussure iniciou-se na linguística através do método histórico-comparativo e tornou-se um de seus maiores expoentes, tendo lecionado em grandes universidades europeias, como Leipzig, Berlim, Paris e Genebra. Em 1879, com apenas 21 anos, publicou um trabalho em que apresentou sua tese sobre a existência de consoantes laringais no indo-europeu, comprovada décadas depois pela descoberta da língua hitita.[3] Dois anos mais tarde, obteve seu doutorado na universidade de Berlim.

Entre 1907 e 1910, ministrou na Universidade de Genebra alguns cursos que constituíram a base do que seria a obra seminal da linguística moderna, o *Curso de linguística geral* (*Cours de linguistique générale*, no original em francês), publicado postumamente em 1916 por seus discípulos Charles Bally e Albert Sechehaye, com a colaboração de Albert Riedlinger. Essa obra contém a síntese das ideias do mestre sobre o que deveria ser, a partir de então, a pesquisa sobre a linguagem. Esses cursos foram frequentados por importantes estudiosos da época, que perceberam o potencial revolucionário daqueles ensinamentos. Como se trata de uma obra póstuma, escrita por terceiros a partir da compilação de textos dispersos de Saussure, fichas utilizadas por ele em aula e anotações feitas por seus alunos, inúmeros questionamentos surgiram ao longo do tempo sobre se as ideias ali plantadas eram mesmo de Saussure ou seriam interpretações, por vezes equivocadas, de seus alunos. Como quer que seja, o livro revolucionou os estudos da linguagem e continua influenciando até os dias de hoje a pesquisa não só em linguística, mas também em muitas outras áreas, como a teoria literária, a antropologia e a psicanálise.

Para Saussure, a língua é uma instituição social, e sua explicação última deve ser buscada na sociologia. Além disso, ele previu a criação de uma futura ciência chamada semiologia, cujo objetivo seria estudar todos os signos (verbais e não verbais) no seio da vida social. A linguística, que estuda os signos verbais, faria parte dessa nova ciência.

As contribuições de Saussure para a constituição de uma teoria científica da linguagem são tantas e tão importantes que dedicarei o próximo capítulo inteiramente a elas. Dentre outras coisas, ele propõe uma distinção entre *diacronia* (a história da língua) e *sincronia* (a estrutura e o funcionamento da língua num determinado estágio de sua história). Traçando um paralelo, pode-se dizer que a linguística está para as línguas assim como a biologia está para os seres vivos. Desse modo, a abordagem diacrônica corresponderia à paleontologia, ramo da biologia que estuda a evolução das espécies,[4] ao passo que a abordagem sincrônica seria algo como o estudo da anatomia, fisiologia e ecologia das línguas. Portanto, se a linguística histórico-comparativa era diacrônica, o estudo proposto por Saussure seria basicamente sincrônico. De concreto, as ideias do linguista genebrino deram ensejo ao surgimento de uma corrente de pensamento chamada *estruturalismo*, que rapidamente transbordaria da linguística para as demais ciências humanas.

O estruturalismo

Diversas correntes linguísticas surgiram na Europa a partir de 1930. Dentre as mais importantes estão a escola de Praga e a de Copenhague. Ao mesmo tempo, desenvolvia-se nos Estados Unidos uma corrente igualmente estruturalista, mas voltada a problemas de linguagem específicos daquele país. Enquanto a Europa tinha como foco línguas com uma tradição literária às vezes milenar, os linguistas americanos estudavam línguas indígenas que, como se sabe, não têm escrita. O grande desafio era tentar compreender, a partir de gravações feitas com falantes indígenas, a estrutura dessas línguas sem passado documentado, sem gramáticas e sem dicionários.

A escola de Praga fundou a primeira especialidade dentro dessa nova linguística, a fonologia, que é o estudo dos fonemas da língua, por oposição à fonética, que estuda os sons da fala. Os trabalhos de Troubetzkoy, Jakobson e Martinet, dentre outros, mostraram como é possível tratar os fonemas de uma língua de um ponto de vista lógico-matemático, utilizando ferramentas até então só empregadas pelas ciências naturais, como a teoria dos conjuntos. O amplo alcance dos resultados obtidos pela fonologia fez com que o método fosse transposto aos demais ramos da linguística – a morfologia (estudo da estrutura e formação das palavras), a sintaxe (estudo da frase), a semântica (estudo do significado), a pragmática (estudo da relação entre a língua e seus usuários), a lexicologia (estudo do léxico, isto é, do vocabulário da língua), e assim por diante – e, a seguir, às demais ciências humanas, como a antropologia, a sociologia, a psicologia social, a psicanálise, a teoria literária, a ciência da comunicação etc.

A grande conquista do estruturalismo foi o estabelecimento inequívoco da relação entre a língua e a cultura. No âmbito dessa corrente surgiram também algumas disciplinas de fronteira, como a sociolinguística, que estuda a relação entre língua e classes sociais, e a psicolinguística, que estuda, dentre outras coisas, a aquisição da língua (como o ser humano aprende a falar) e as patologias da linguagem.

Outro grande mérito do estruturalismo foi ter realizado o projeto de Saussure de criar a semiologia como ciência geral dos signos, transpondo os conceitos e métodos da linguística aos demais sistemas de signos: a pintura, a escultura, a música, os gestos, o vestuário, a culinária etc. É verdade que o filósofo americano Charles Peirce já havia se ocupado com os signos no século XIX, tendo, por sinal, fundado uma disciplina que chamou de semiótica, mas cujos fundamentos e métodos diferem bastante da semiologia estruturalista.

A gramática gerativo-transformacional e o pós-estruturalismo

O esgotamento do estruturalismo ocorre ao longo da década de 1960. De um lado, o linguista norte-americano Noam Chomsky lança, em 1957, o livro *Estruturas sintáticas*, que apresenta um novo ponto de vista sobre a linguagem, e de outro, os próprios autores estruturalistas começam a perceber a insuficiência de suas teorias para explicar certos fatos. Quanto a Chomsky, a teoria que elabora, com o pomposo nome de gramática gerativo-transformacional, tem uma origem curiosa: Chomsky voltou-se para as ideias dos gramáticos de Port-Royal e pensou que, se fosse possível descobrir o que há de universal na linguagem humana, aquilo que todas as línguas têm em comum, ele chegaria à estrutura do pensamento humano. A teoria de Chomsky parte do princípio de que a aptidão linguística é inata e um atributo biológico do ser humano. (Já falamos sobre isso a propósito da teoria da torre de Babel.) Assim, as estruturas sintáticas de base são em número finito e estão registradas em nossa mente desde antes de nosso nascimento. Por outro lado, as estruturas gramaticais, isto é, as infinitas frases que somos capazes de formar nas diversas línguas, são geradas a partir das estruturas de base a partir de certos processos de transformação que também são em número finito (daí o nome de gramática gerativo-transformacional). Essa proposta converte a língua num algoritmo matemático que, a partir de um número finito de estados iniciais e de processos transformacionais, pode gerar infinitos enunciados finais. Esse processo pode, evidentemente, ser simulado por computador. Logo, essa teoria é importantíssima para a programação de computadores "inteligentes", capazes de reconhecer e processar enunciados linguísticos. Em suma, computadores dotados da chamada inteligência artificial. Resultaram daí aplicações muito úteis no processamento automático da informação e no ensino de línguas.

Enquanto isso, na Europa, o estruturalismo também chegava a certos impasses. Acontece que, do mesmo modo como a linguística histórico-comparativa era estritamente diacrônica, o estruturalismo clássico era estritamente sincrônico. Ou seja, ambos os pontos de vista faziam um recorte metodológico do objeto, mas, na verdade, nenhum deles era capaz de explicar a linguagem no seu todo (holisticamente, como dizem alguns), combinando evolução e funcionamento num único processo. Além disso, o estruturalismo clássico ou ortodoxo estudava a língua mas não a fala, a produção de mensagens mas não sua recepção, o texto produzido mas não as estratégias de produção, e assim por diante. Por isso, a partir do início da década de 1970 começaram a aparecer trabalhos que levavam em consideração exatamente esses aspectos deixados de lado pelas pesquisas estruturalistas. O principal acontecimento desse período é a transformação da semiologia estruturalista numa nova ciência, hoje mais conhecida como semiótica (que não deve ser confundida com a semiótica de Peirce, embora ambas se ocupem dos signos e da produção de significado). Para ela, uma linguagem (ou código, ou sistema semiótico) é um sistema que produz discursos que, por sua vez, modificam o próprio sistema, que vai gerar novos discursos, que vão modificar novamente o sistema, num ciclo contínuo. A semiótica mostra, assim, como a utilização da linguagem provoca sua evolução e como essa evolução torna possível a continuidade de sua utilização. Resumindo numa frase a grande síntese que a semiótica moderna realizou das teorias sincrônicas e diacrônicas, podemos dizer que a língua evolui porque funciona e funciona porque evolui, o mesmo valendo para todas as outras linguagens.

Outro grande avanço dessa fase pós-estruturalista é a investigação das chamadas estruturas elementares da significação. Apenas para dar uma pequena ideia do que isso significa, a pesquisa e compreensão dessas estruturas está para a linguagem e para o pensamento assim como a investigação da estrutura elementar da matéria, com suas partículas elementares (elétrons, fótons, quarks etc.), está para a física. O princípio básico dessa investigação é que tudo aquilo que pensamos, sejam palavras, sons, imagens, cheiros, sentimentos etc., se compõe da combinação de certos constituintes mínimos. Assim, tudo o que o homem vê, ouve, sente e pensa, enfim, todo o conhecimento que ele tem do mundo e de si mesmo, compõe-se de partículas de significação, que se agrupam de forma organizada, mais ou menos como as partículas elementares da física se agrupam para formar átomos e moléculas, que são o constituinte básico de tudo o que existe. As pesquisas nesse terreno apenas começaram, e ainda há muito por pesquisar, mas desde já começa a haver uma convergência entre as ciências da linguagem, da significação e da cognição. O resultado de tudo isso será uma teoria (ou várias) que explique a totalidade da consciência humana.[5]

"Qual a importância disso?", você deve estar se perguntando. Basta lembrar que é exatamente a consciência o que nos faz ser o que somos. Se não fôssemos seres conscientes, isto é, cientes de nós mesmos e do mundo, capazes de raciocinar, questionar e nos autoquestionar, não estaríamos, por exemplo, investigando a origem do Universo e a origem da vida, ou nos perguntando sobre o porquê de nossa própria existência.

As aplicações da linguística e da semiótica

A função principal da ciência é levar o homem ao conhecimento, abrir sua visão para novas realidades e alargar seus horizontes mentais. Quem realiza essa tarefa é a ciência básica. Secundariamente, a ciência também pode gerar aplicações tecnológicas na solução de problemas práticos de nosso dia a dia. É o que chamamos de ciência aplicada. Mesmo que a linguística e a semiótica não tivessem aplicações práticas, o simples conhecimento a que elas nos conduzem já justificaria sua existência. Mas acontece que elas também permitem aplicações. E várias! Em primeiro lugar, temos importantes aplicações da linguística no ensino de línguas, no ensino e no estudo científico da literatura, na crítica literária, na tradução, na elaboração de gramáticas e dicionários, na normatização de terminologias técnicas e científicas, na regulamentação da criação de novas palavras (neologismos), dentre outras. A semiótica, por sua vez, é muito útil na área das comunicações e das artes. Suas aplicações se dão no jornalismo, na publicidade, no marketing, no estudo das artes plásticas, da música, do teatro, do cinema, das histórias em quadrinhos, além de ser utilizada como ferramenta de estudo onde quer que haja uma linguagem, como, por exemplo, na arquitetura, na moda, na culinária e até nas placas de trânsito, nos códigos de sinais (inclusive na decodificação de linguagens secretas ou cifradas), nos esportes (que também são linguagens!), e assim por diante. A semiótica pode ser aplicada em qualquer campo onde se exija a interpretação do significado de alguma coisa. Logo, é fundamental no direito (na interpretação correta das leis), na teologia (na interpretação dos textos sagrados), na filosofia e na crítica das artes, das ciências etc.

A linguística e a semiótica também se aplicam às ciências naturais, como a ciência da computação e a biologia, por exemplo. Como já foi dito, uma das mais extraordinárias aplicações das ciências da linguagem é o desenvolvimento de máquinas dotadas de inteligência artificial, capazes de simular o raciocínio humano e interagir com as pessoas: em resumo, máquinas que falam e pensam. Basta dizer que tradutores automáticos, como o Google Translator®, e sintetizadores de voz como aqueles usados em aparelhos de GPS e nos menus eletrônicos dos *call centers* não seriam possíveis sem o auxílio da linguística.

Na biologia, sua principal aplicação está na decodificação do código genético, que também é uma linguagem. A linguística também contribui para a decifração de escritas antigas (paleografia), para a identificação, catalogação e estudo de línguas ágrafas (línguas sem escrita) como línguas indígenas que hoje se encontram em extinção, e até algumas técnicas recentes como a programação neurolinguística (PNL) e as redes neurais que utilizam seus conhecimentos.

Outro importante campo de aplicação da linguística é a identificação e o tratamento das patologias da linguagem (afasia, dislexia, dislalia, gagueira); por isso, ela é muito importante na fonoaudiologia. A linguística e a semiótica têm importantes aplicações na psicologia e na psicanálise, ajudando a explicar o funcionamento do intelecto (que, como vimos, funciona basicamente por meio de signos), e podem ainda ser aplicadas na lógica (que é a ciência do raciocínio, o qual também se dá através da linguagem) e consequentemente na matemática. Para não tornar essa lista de aplicações exaustiva, vamos citar um último exemplo: a semiótica pode ser utilizada no estudo dos discursos políticos para detectar seu verdadeiro significado (muitas vezes oculto) e, assim, reconhecer suas mentiras.

Tendências atuais da pesquisa

Atualmente, uma vez consolidadas como ciências, a linguística e a semiótica apresentam desenvolvimento crescente e ampliam seu campo de ação cada vez mais. As pesquisas nesse setor ramificam-se continuamente e rompem novas fronteiras do conhecimento. Hoje, além das investigações na área da cognição humana, que representam o filão mais inovador desse tipo de pesquisa, também continuam a ser investigados os domínios tradicionais da linguagem. Assim, após um período de predomínio da linguística sincrônica, mais ou menos entre 1930 e 1970, as pesquisas histórico-comparativas foram retomadas sob novos pontos de vista. A teoria da torre de Babel, de que falamos no início deste ensaio, procura encontrar ancestrais comuns a todas as protolínguas identificadas pelos estudiosos do século XIX, para chegar à suposta língua-mãe de todas elas. Para isso, os linguistas se voltam para o estudo de línguas pouco analisadas até agora, como as línguas nativas da América, África e Oceania. Mesmo no domínio do indo-europeu, as pesquisas continuam. Hoje, além de apurar os conhecimentos sobre a fonética, a gramática e o vocabulário dessa língua, procura-se confrontar dados linguísticos com dados antropológicos, arqueológicos e paleobotânicos com o objetivo de determinar com a máxima precisão possível o local e a época de origem do povo que falava essa língua. Com isso, pretende-se recuar no tempo para, através da evidência da língua, reconstruir um passado ao qual a pesquisa histórica e arqueológica não tem acesso direto.

No Brasil, também é importantíssima a descrição das línguas indígenas, não só para contribuir ao estudo comparativo global anteriormente mencionado, mas sobretudo porque essas línguas – e suas culturas – tendem a desaparecer, seja pelo processo da aculturação dos povos nativos, seja pelo seu extermínio.

O leitor já deve ter percebido o quão importante é o estudo da linguagem, embora as ciências que se encarregam disso sejam pouco conhecidas do grande público. Na prática, a linguagem e os signos estão em absolutamente tudo que conhecemos, pensamos, sentimos e até mesmo no que ignoramos. Para concluir, devemos pensar que grande parte dos conflitos entre povos resulta de diferenças etnoculturais (o amor ao próprio grupo e o ódio ao estrangeiro), cuja raiz profunda é a diferença linguística. A língua tem sido sempre a principal marca da identidade de um povo e é o que o faz lutar até a morte pela sua liberdade e autoafirmação. Além disso, todo desentendimento humano, seja entre pessoas ou grupos, decorre quase sempre de uma falha de comunicação. Por isso, compreender a comunicação humana e seu instrumento, a linguagem, é não apenas interessante e fascinante, mas sobretudo imprescindível se queremos viver em harmonia uns com os outros.

A LÍNGUA E O JOGO DE XADREZ

Como vimos na seção anterior, a linguística só se consolidou como ciência propriamente dita, com objeto e método definidos (como ciência positiva, diria o filósofo francês Auguste Comte, ou como *hard science*, "ciência dura", como dizem os americanos) a partir das ideias de Ferdinand de Saussure. Para lançar os fundamentos da linguística moderna, ele propôs uma série de dicotomias segundo as quais a língua deve ser analisada.

A primeira grande distinção que Saussure faz diz respeito às duas maneiras de abordar o fenômeno da linguagem: diacronicamente, isto é, estudando sua evolução histórica, ou sincronicamente, tomando um determinado momento dessa evolução e estudando as relações que seus elementos constituintes estabelecem entre si. Se compararmos a evolução da língua a um filme, cada cena, ou, mais ainda, cada fotograma, seria uma sincronia. Portanto, a análise sincrônica é estática e pressupõe que, no breve intervalo de tempo considerado, nada muda na língua. Já a análise diacrônica vê a língua em movimento: o linguista histórico assiste ao filme todo ou, pelo menos, a uma grande sequência de cenas para entender como a língua passa de uma sincronia a outra, ou seja, como se dá a mudança.

Para tornar mais claras as suas propostas inovadoras, Saussure lança mão de diversas analogias: com a biologia, a economia, a história, a sociologia. Mas sua analogia mais famosa e ilustrativa é com o xadrez. Sim, ele compara a língua a um jogo de xadrez, onde as peças são os diversos elementos linguísticos (por exemplo, fonemas ou palavras) e as regras são sua gramática. A configuração do tabuleiro após cada jogada constitui uma sincronia, ou estado da língua. Nele, não importa por que caminhos o jogo chegou a tal configuração, nem o material de que são feitas as peças. Apenas a posição relativa das peças e sua função – isto é, os movimentos que podem executar – é que têm importância para o desfecho do jogo. Na metáfora proposta por Saussure:

- cada posição do jogo corresponde a um estado da língua (sincronia);

- assim como o valor de cada peça depende de sua posição no tabuleiro, cada termo da língua tem seu valor por oposição aos outros termos (cada termo é o que os outros não são);
- os valores (funções) de cada peça são fruto de uma convenção (a regra do jogo) preexistente à partida do mesmo modo como a língua, com sua gramática e vocabulário, preexistem a cada ato de fala;
- basta mover uma peça do xadrez para passar de um estado de equilíbrio a outro (de uma sincronia a outra, diremos); igualmente, toda mudança linguística afeta um elemento isolado, mas essa mudança repercute no sistema como um todo;
- no xadrez, a configuração do tabuleiro num dado momento independe de como se chegou até ela: quem assistiu à partida desde o início não leva qualquer vantagem sobre quem acabou de chegar; só as posições relativas das peças e seus movimentos permitidos é que importam para entender o andamento do jogo. Da mesma maneira, não preciso conhecer a história da língua inglesa para aprender inglês hoje.

Nascem daí outras importantes oposições. Em primeiro lugar, Saussure distingue língua e fala: língua é o conjunto abstrato e socialmente partilhado de signos e de regras combinatórias que permite aos falantes produzir seus atos de fala; a fala, por sua vez, é cada produção concreta e individual feita por um falante utilizando-se da língua. É assim que, com o léxico e a gramática da língua portuguesa, todos nós brasileiros produzimos um sem-número de atos de fala todos os dias, em casa, na escola, no trabalho, no lazer e até quando falamos sozinhos – ou pensamos, o que não deixa de ser um diálogo interior. Em termos do xadrez, a língua é o jogo em si, com suas peças e suas regras; a fala é cada partida jogada.

Saussure também distingue entre a forma e a substância da língua. Sendo a língua um sistema onde cada elemento não tem valor em si, mas sim pela função que desempenha, ela é basicamente um sistema de formas cuja substância é irrelevante (assim como a substância de que são feitas as peças do xadrez não interfere em sua função), ou seja, a língua é um sistema formal. Esse sistema em que cada objeto só se define por oposição aos demais, em que os objetos não se distinguem por sua natureza e sim por sua função, e onde cada objeto mantém com cada um dos demais uma relação de semelhança que nos permite reconhecê-los como elementos do mesmo conjunto e uma relação de diferença que nos permite identificar cada um deles, foi chamado pelos discípulos de Saussure de estrutura. Portanto, a língua é uma estrutura, constatação que é a base do já mencionado estruturalismo.

No jogo de xadrez, se porventura eu perder uma peça (digamos, um cavalo) e combinar com meu adversário que vou usar em seu lugar uma tampinha de garrafa, a qual fará exatamente os mesmos movimentos que o cavalo, na prática, essa tampinha *é* o meu cavalo! Afinal, o que importa no jogo não é se a peça em questão se parece ou não com um cavalo e sim se ela se comporta como cavalo.

Analogamente, sei que a palavra *porto* é diferente de *posto*, pois elas significam coisas diferentes. Isso indica que os únicos elementos que as diferenciam, o fonema /r/ e o fonema /s/, são formas diferentes, pois têm funções diferentes. No entanto, quer eu pronuncie *porto* com um /r/ "carioca", "paulistano" ou "caipira", estarei sempre dizendo a mesma coisa: *porto*. Do mesmo modo, quer eu pronuncie *posto* com /s/ carioca ou paulista (isto é, com ou sem chiado), meu interlocutor continuará pensando num *posto* (de polícia, de gasolina etc.). Já se eu trocar qualquer uma das pronúncias do /s/ por qualquer uma das do /r/, meu interlocutor saberá imediatamente que estou falando de um *porto* e não de um *posto*. Não importa se o que está sobre o tabuleiro é um cavalo de madeira, de plástico, uma tampa de garrafa ou um parafuso: se essa peça executa os movimentos em L de um cavalo do xadrez, então ela é um cavalo do xadrez. Entretanto, se essa peça, mesmo que tenha a aparência de um cavalo, se deslocar diagonalmente como um bispo, ela será um bispo.

Saussure insiste no caráter social da língua, por oposição ao caráter individual da fala. A língua pertence a todos os falantes, e nenhum deles pode, sozinho, alterá-la. A língua é um patrimônio cultural da sociedade que a fala, que passa de geração a geração: essa língua nos é dada quando aprendemos a falar porque resulta de uma convenção social estabelecida muito antes de nascermos. É essa convenção que garante que as pessoas se comuniquem e se entendam por meio da língua. Assim como os jogadores não podem alterar as regras do jogo durante a partida, mas têm de jogar segundo regras predeterminadas, temos de usar adequadamente as palavras e a gramática da nossa língua se quisermos nos fazer entender. Se eu resolver inventar novas palavras e, além disso, combiná-las de um jeito inédito (por exemplo, colocando o artigo depois do nome e não antes, como é obrigatório em português), posso estar criando um novo idioma, mas como só eu sei falar essa língua, ninguém me entenderá.

Outra decorrência do caráter social da língua é a concepção de signo de Saussure. Até então, as palavras eram vistas como meros rótulos que se dão às coisas. Ao passarmos de uma língua para outra, apenas mudaríamos os nomes pelos quais continuaríamos a designar as mesmas coisas. Saussure mostra que, na verdade, as palavras são inerentes a cada língua e que línguas diferentes dão nomes diferentes a coisas igualmente diferentes. Um exemplo disso é o fato de que aquilo que nós, falantes do português, chamamos de *rio* os franceses chamam de *fleuve* ou de *rivière*, segundo o curso d'água em questão corra para o mar ou para outro rio. Uma história folclórica nos conta que alguns exploradores franceses ficaram surpresos ao descobrirem, na África, um curso d'água que nascia nas montanhas, corria pelas savanas e... desaparecia no deserto. Esses exploradores não sabiam dizer se o que tinham descoberto era um *fleuve* ou uma *rivière*. Ora, nós brasileiros diremos que se trata obviamente de um rio!

Isso mostra que cada povo expressa através de sua língua uma particular visão de mundo, que a natureza é uma realidade contínua que cada comunidade linguística "recorta" de modo diferente. Não é a natureza, e sim a língua, que diz onde um curso d'água deixa de ser riacho e se transforma em ribeirão. O modo particular como cada língua divide o mundo em conceitos influi no próprio modo de pensar de cada povo. Isso explica em parte o caráter racional e pragmático que em geral se atribui aos falantes do inglês ou o aspecto "romântico" e sentimental do espanhol, e assim por diante.

Se para Saussure o significado do signo varia de língua para língua, então o próprio significado é parte desse signo. Ele concebe o signo linguístico como uma entidade de duas faces, o significante, ou expressão, que é a forma material do signo, representada pela forma acústica (o som) da palavra ou por sua forma gráfica, e o significado, ou conteúdo, que é uma imagem mental, um conceito, que temos da coisa designada. A "coisa" propriamente dita (que Saussure chama de referente) não faz parte do signo e, em muitos casos, pode nem existir (qual é o referente, isto é, a coisa concreta, representado pela palavra *amor*?).

Assim, o signo *árvore*, por exemplo, tem na língua portuguesa um significante que é o som da palavra *árvore* (ou melhor, a representação mental que temos desse som) ou a sequência de letras que compõe a escrita dessa palavra, e um significado que é o modelo mental que temos de uma árvore, o qual construímos a partir da observação de inúmeras árvores concretas. O significado de *árvore*, isto é, o conceito de árvore que temos em português, é uma abstração em que retemos apenas aquilo que é constante em todas as árvores, aquilo que é geral: ter um tronco, uma raiz, folhas, estar plantada no solo etc. O que é variável ou circunstancial não faz parte do conceito de árvore: o fato de ter ou não um coração flechado desenhado em seu tronco acompanhado de um nome de homem e um de mulher não faz parte da definição de árvore. Esquematicamente temos a situação representada na Figura 1.

Figura 1: O modelo de signo de Saussure.

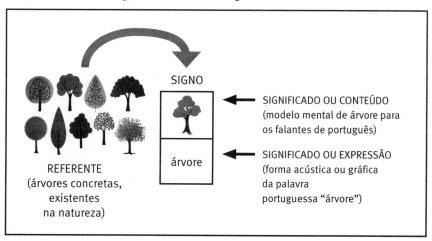

Como se vê, Saussure colocou a visão de mundo particular de cada povo – o modo como cada povo "recorta" o mundo à sua volta – dentro da linguagem, e por isso o seu estudo passou a ser uma forma importantíssima de compreender o modo de pensar dos diferentes povos.

OBJETOS E PONTOS DE VISTA

No *Curso de linguística geral*, Saussure ensinou que é o ponto de vista que cria o objeto. Dentre os muitos pontos de vista possíveis sobre o fenômeno *língua*, a ciência da linguagem sempre oscilou entre dois principais: o diacrônico, isto é, que analisa a língua em seu desenrolar no tempo, tendo, pois, um enfoque eminentemente narrativo; e o sincrônico, que faz um corte na história das línguas como quem bate um instantâneo, ignorando o antes e o depois e fazendo uma abordagem descritiva.

Ambas as perspectivas são úteis, já que não é possível ter uma compreensão plena de um objeto multidimensional olhando-o de um único ângulo. No entanto, dependendo do fim a que se presta, cada abordagem tem suas vantagens e desvantagens. Como analisar, por exemplo, a morfologia da palavra *comer*? De um ponto de vista histórico, *comer* vem do latim *comedere*, "comer juntos", formado do prefixo *com-*, "juntos", do radical *ed-*, "comer", da vogal temática *-e-* da segunda conjugação e da desinência de infinitivo *-re*. Portanto, *comedere* se analisa como *com-ed-e-re*.

Na evolução fonética, o *e* final caiu (diz-se que sofreu apócope), e posteriormente o *d* intervocálico teve o mesmo destino (que nesse caso se chama síncope). Como resultado, *comedere* passou a *comeer* em português medieval. Depois, os dois *ee* se fundiram num processo chamado crase, dando o atual *comer*. Consequentemente, o processo evolutivo pode ser representado assim:

com-ed-e-re > *com-ed-e-r* > *com-e-e-r* > *com-Ø-e-r*
(Ø representa o morfema zero)

Ou seja, por um capricho da evolução cega, o radical *ed-*, a alma da própria palavra, desapareceu, só tendo restado os morfemas periféricos.

Porém, numa visão puramente sincrônica, diremos que o radical de *comer* é *com-*, logo analisamos *comer* como *com-e-r*.

Qual das duas interpretações está correta? Ambas. Um falante ingênuo (isto é, aquele que não tem conhecimento técnico da história da língua) faz a segunda análise e isso é quanto lhe basta para operar com proficiência o código *língua portuguesa*. Ao ensinar português a estrangeiros, o ponto de vista sincrônico é muito mais útil (contar ao falante estrangeiro toda a história da língua portuguesa será de bem pouca valia se o que queremos é que ele simplesmente se comunique com falantes do português sem mal-entendidos).

Já a compreensão de certas irregularidades do idioma que tanto embaraçam nossos estudantes (e não apenas eles) fica facilitada se lançamos uma luz sobre a história das mudanças linguísticas que ensejaram essas irregularidades. Até mesmo o estudo do latim, infelizmente abolido de nossas escolas há muitos anos, seria um grande trunfo para compreender o porquê dessas formas irregulares e assim driblar esses percalços.

Como Saussure também ensinou, a língua é forma e substância, entendendo-se forma como função e substância como elemento material que desempenha uma função. Toda mudança começa pela substância, isto é, pela casca mais externa da língua. Só que, à medida que a substância muda, elementos distintos podem confundir-se, elementos semelhantes podem diferenciar-se, um elemento crucial ao desempenho de uma função pode simplesmente desaparecer.

Como numa empresa, a mudança de membros de uma equipe pode forçar uma reestruturação dos cargos. Se os elementos que exercem funções mudam, as funções também podem se ver obrigadas a mudar. O que aconteceu com o verbo *comer* foi exatamente isso: o desaparecimento do radical *ed-* fez o prefixo *com-* ser promovido a essa função. Uma mutação fonética repercutiu primeiro no sistema fonológico, a seguir no morfológico para chegar ao semântico.

Já que ambas as perspectivas são necessárias à compreensão da língua, é uma pena que alguns teóricos, ao adotar uma delas por razões metodológicas, recusem a validade da outra, criando um clima propício ao conflito ideológico dentro de uma área que, por ser científica, deveria primar pela objetividade e neutralidade.

A LINGUAGEM, A COMUNICAÇÃO E A CULTURA

É lugar-comum que o que nos torna humanos – no sentido de seres cuja existência transcendeu os limites do estritamente biológico – é a aquisição da linguagem. De fato, a conquista da aptidão simbólica e, mais ainda, de uma aptidão simbólica articulada, foi o principal salto evolutivo de nossa espécie, mais até do que o andar bípede ou a capacidade preênsil de nossas mãos, que nos permitiu a confecção de artefatos. De origem relativamente tardia (entre 200 mil e 50 mil anos atrás), a linguagem verbal articulada propiciou, sobretudo nos últimos 10 mil anos, um avanço cultural mais rápido do que o verificado nos vários milhões de anos anteriores.

Mais ainda, o advento da escrita permitiu a preservação e o acúmulo de conhecimentos para além da memória individual e do curto tempo de vida do indivíduo em relação à espécie. A escrita permitiu a comunicação entre indivíduos distantes no espaço e no tempo; permitiu tornar complexas as relações sociais, fazendo-nos evoluir de sociedades ágrafas extremamente homogêneas e constituídas de uns poucos membros para as sociedades extremamente complexas da atualidade. Sobretudo na era pós-industrial e globalizada, podemos dizer que a humanidade como um todo foi transformada numa única sociedade global.

Assim, foi a passagem do *Homo sapiens* a *Homo linguisticus* o que permitiu o advento da comunicação social em larga escala e da sofisticação da cultura.

Neste ponto chegamos à questão da relação entre a linguagem e a comunicação. Em primeiro lugar, é forçoso dizer que a linguagem muito provavelmente não foi criada ou surgiu espontaneamente para servir à comunicação entre os indivíduos. A comunicação não linguística entre os animais o prova. Segundo a tese do matemático e estudioso da linguagem britânico Keith Devlin, da Universidade de Stanford, ratificada por outros pesquisadores e pensadores, o homem discursa para dar-se conta de sua própria experiência e, apenas num segundo momento, para dar conta dessa experiência aos seus semelhantes. Para Devlin, existe uma diferença entre linguagem e comunicação. Esta seria a simples transmissão, de um indivíduo a outro, ou outros, de mensagens sobre situações concretas (como a existência de alimento ou de predadores) sempre *in praesentia*, isto é, na presença da coisa referida. Portanto, só existiria linguagem na comunicação capaz de fazer abstrações, de falar sobre objetos ou eventos ausentes, no tempo e/ou no espaço, o que inclui até mesmo eventos futuros, hipotéticos ou imaginários. Isso só é possível por meio da existência de uma propriedade inerente à linguagem verbal chamada sintaxe.

A língua não é o único sistema de comunicação de que dispomos, mas é o único dotado ao mesmo tempo de uma sintaxe ao nível do significante e do significado. Muitos autores, sobretudo na esteira da semiótica, chamam de linguagem a qualquer sistema de significação, não importa se articulado ou não, mas para Devlin apenas o sistema verbal é legitimamente uma linguagem. Tanto que o semioticista russo Yuri Lotman chamou a língua de sistema modelizante primário, em relação ao qual as demais "linguagens" seriam sistemas secundários. Isso significa que é sempre possível, com maior ou menor aproximação, traduzir experiências não linguísticas em palavras, mas a recíproca nem sempre é verdadeira.

Mas não é só a sintaxe em seu sentido estrito o que confere à língua o poder de permitir o pensamento articulado e abstrato. É evidente que, operando em módulos e estabelecendo uma hierarquia entre elementos aparentemente lineares, a sintaxe entre significantes contribui para a categorização e a organização do pensamento, mediante o estabelecimento de relações. Mas o pensamento, e consequentemente a comunicação, só é possível porque, subjacente às palavras e suas combinações sintagmáticas, existe um nível conceptual, no qual também atua uma sintaxe, mas agora não entre palavras e sim entre as partículas elementares da significação, os chamados núons, de que resultam os conceitos, que por sua vez se dividem em entes, atributos e processos, e também mantêm relações sintáticas entre si.[6]

Pode-se dizer, então, que a primeira forma de comunicação ensejada pela linguagem verbal é a comunicação intrapessoal, ou pensamento.[7] Mas a relação entre a linguagem e a comunicação – seja ela intra ou interpessoal, grupal ou social – é, a meu ver, uma relação de mão dupla. De um lado, não existiria, como vimos, comunicação social sem a língua, já que esta é, por excelência, a ferramenta da comunicação. De outro lado, parece ter sido a necessidade de comunicação, especialmente num nível mais abstrato, o que motivou a articulação dos signos e o surgimento da "gramática", em seus vários níveis, transformando o primitivo sistema de emissões vocais em linguagem.

Finalmente, essa relação biunívoca entre linguagem e comunicação permitiu o advento do processo histórico da cultura. Conforme sustento no livro *Anatomia da cultura*, a cultura em seu sentido mais amplo, antropológico, é uma derivação da cultura num sentido mais estrito e tradicional. E este é fundamentalmente um conjunto de discursos sociais, assim definidos porque se destinam à sociedade como um todo. Portanto, a cultura é produto direto da comunicação social, ainda que decorra indiretamente de todos os processos comunicativos humanos.

COMO E POR QUE AS LÍNGUAS MUDAM?

A mudança é o fenômeno fundamental da linguagem. Na medida em que a língua é, ao mesmo tempo, produtora e produto de uma cultura, que é algo dinâmico, é natural que a língua acompanhe esse dinamismo.

Na natureza, a mudança é sempre imperceptível. Num universo em que o comportamento dos seres é regido por leis físicas ou genéticas, prevalece o determinismo do instinto. Assim, a natureza parece funcionar sempre da mesma maneira, os fenômenos seguindo sua ordem natural, sem exceção. O que distingue o homem dos outros seres vivos é a capacidade de modificar a natureza com seu trabalho transformador. O homem foi o único animal capaz de criar diferentes modos de vida, distintas civilizações, de se adaptar a todos os habitats oferecidos pela natureza, além de ser o único animal a produzir história. No mundo natural, a mudança temporal é medida em termos de milhares ou milhões de anos, o que nos dá a falsa impressão de permanência e perenidade. Já os fatos sociais e as criações intelectuais evoluem a uma velocidade às vezes assustadora.

Como dito antes, a língua foi chamada por Lotman de sistema modelizante primário por ser o primeiro e principal instrumento de comunicação e do pensamento de que dispomos. Segundo os linguistas americanos Edward Sapir e Benjamin Lee Whorf, ela é também o filtro através do qual o homem vê e pensa o mundo à sua volta e assim se dá conta de sua própria experiência. Para os adeptos do relativismo linguístico, a língua impõe a seus falantes uma visão de mundo que condiciona os comportamentos psíquicos e sociais dos indivíduos. Contudo, a capacidade humana de transformar o meio social e de explorar a natureza conduz o tempo todo a uma nova realidade, que obriga o homem a uma nova visão de mundo, levando a novos recortes, novas apreensões e novos tratamentos do *continuum* dos dados da experiência, o que força a língua a mudar para poder continuar dando conta dessa realidade e servindo de instrumento da comunicação e do pensamento.

Num jogo dialético, a língua muda para conservar-se e só se conserva na medida em que muda. Assim como para conservar uma casa é preciso submetê-la a periódicas reformas, a língua precisa adaptar-se constantemente às necessidades de comunicação da comunidade falante. Se não mudasse, em pouco tempo estaria divorciada da sociedade a que deve servir. Em resumo, é o uso da linguagem que produz sua mudança e é esse permanente mudar que garante a continuidade de seu funcionamento.

Segundo Saussure, a língua tem duas características aparentemente contraditórias entre si: a imutabilidade e a mutabilidade. Para ele, a língua é dada aos falantes como uma realidade que nenhum indivíduo pode transformar por sua própria vontade; a língua é fruto de uma convenção social, e mudá-la exigiria o consenso social. Além disso, é uma instituição herdada de gerações anteriores e não um contrato firmado entre os falantes no presente. Saussure insiste na arbitrariedade dos signos linguísticos (as palavras) como uma escolha e, ao mesmo tempo, uma coerção. Por outro lado, a mutabilidade dos signos – e, portanto, da língua – está ligada à própria inconsciência que os falantes têm das leis que regem o sistema, assim como à própria tensão entre a língua como bem social e os atos de fala individuais, com seu caráter particular e transitório.

Mas, se a língua é produtora e produto da cultura, a diversidade cultural é causa da diversidade linguística e vice-versa. Além da mudança temporal, decorrente da evolução histórica, há também a diversidade geográfica, em que os diferentes habitats condicionam diferentes formas de cultura. Assim, a separação dos grupamentos humanos no tempo e no espaço conduz à sua diferenciação. Mais ainda, em sociedades complexas e extremamente heterogêneas como as pós-industriais, estratificadas pela organização política e a especialização das atividades econômicas, a classe social, o grupo profissional e a própria situação de comunicação levam à diferenciação.

Existem, portanto, quatro fatores responsáveis pela mudança linguística: o tempo histórico, o espaço geográfico, a divisão das classes sociais e a variedade das situações de discurso, entendidas como os diferentes ambientes sociais, ligados às diversas práticas profissionais, religiosas, recreativas, culturais etc., que condicionam diferentes formas de expressão do pensamento (isto é, diferentes escolhas de vocabulário e construção sintática), como é o caso dos discursos científico, político, jurídico, jornalístico, publicitário, dos jargões e das gírias específicas de cada profissão e de cada grupo social (os médicos, os economistas, os surfistas...).

Na mudança histórica, o aspecto que mais chama a atenção é a mutação fonética. A alteração da pronúncia ao longo do tempo pode, muitas vezes, ser mascarada pela grafia: o português *cozer* era pronunciado na Idade Média como *codzer*, distinguindo-se perfeitamente de seu hoje homófono *coser*. Uma alteração de pronúncia pode implicar mudança no sistema de sons distintivos da língua, os fonemas, pelo acréscimo, supressão ou reorganização das relações entre as unidades. Uma mudança ao nível dos fonemas pode, por sua vez, acarretar alterações em categorias morfológicas, como no caso da flexão de número em latim. No latim arcaico, o plural de *lupos*, "lobo", era *lupoi*. Portanto, depreendiam-se claramente um radical *lup-*, uma vogal temática *-o-* e as desinências do singular e do plural *-s* e *-i*, respectivamente. A evolução de *lupos* para *lupus* e de *lupoi* para *lupi* levou à oposição entre as terminações *-us* e *-i*, que passaram a ser vistas como unidades irredutíveis. Veja o Quadro 1.

Quadro 1

Latim Arcaico	Latim Clássico	Português Medieval	Português Moderno
lup-o-s (lobo)	*lup-us*	*cozer* [ko'dzer]	*cozer* [ko'zer]
lup-o-i (lobos)	*lup-i*	*coser* [ko'zer]	*coser* [ko'zer]

Frequentemente, a mudança histórica se dá não apenas na pronúncia, mas também no significado. É assim que muitas palavras, independentemente da conservação ou mutação de sua forma fonética ou gráfica, adquirem novos significados, podendo manter ou não os antigos. Finalmente, novas palavras são introduzidas na língua, fruto de criação interna ou de empréstimo, enquanto outras caem em desuso e desaparecem.

A mudança espacial é resultado da diferente evolução temporal da língua em comunidades linguísticas separadas geograficamente. A distância geográfica, responsável pela falta de comunicação entre dois grupos de falantes de uma mesma língua, produz em cada um dos grupos uma evolução histórica independente, que, a longo prazo, poderá resultar na não intercompreensão entre eles. As migrações humanas também são outro fator que conspira a favor da mudança espacial. Ocorre assim o fenômeno da dialetação, que pode, com o tempo, fazer surgirem novas línguas.

A separação entre classes sociais, tanto do ponto de vista físico quanto em termos do modo de vida, faz com que indivíduos pertencentes a classes sociais distintas se expressem de formas diferentes e reproduzam visões de mundo parcialmente diversas. Surgem então os *socioletos*, ou formas de expressão particulares de cada classe social. Finalmente, os diferentes grupos sociais (grupos profissionais, religiosos, etários etc.) existentes numa sociedade complexa tendem a produzir discursos privativos desses grupos. Temos aí os vários *idioletos* e *tecnoletos* de uma sociedade.

A análise científica da mudança linguística em função desses fatores pode se dar centrando-se o foco da atenção num estado de língua isolado ou na comparação entre dois ou mais estados de língua. Por exemplo, em relação à mudança temporal, é possível fazer uma análise da língua num dado momento de sua evolução ou confrontar dois diferentes momentos dessa evolução e verificar que elementos ou relações se mantiveram ou mudaram. O mesmo raciocínio vale para os outros três fatores de mudança da língua.

Além disso, podemos realizar uma fusão e integração das análises individual e comparativa. No caso da evolução histórica, pode-se não apenas descrever e confrontar duas etapas distintas, mas também compreender como as relações internas entre os elementos do sistema no estado 1 conduziram ao estado 2, integrando a evolução e o funcionamento num único processo.

Podemos, igualmente, analisar de modo global as variações geográficas, de classe social e tipos de discurso. É essa tendência à visão holística da mudança linguística que norteia a maioria dos estudos científicos da linguagem atualmente, mostrando que hoje, ao contrário da fragmentação e da visão parcial que tínhamos até um passado relativamente recente, a linguística atual opta por uma análise global de seu objeto, a partir de um ponto de vista dinâmico.

LÍNGUAS E DIALETOS

O Brasil, frequentemente se diz, é um país de sorte porque, apesar de suas dimensões continentais, aqui supostamente não há dialetos – todos falamos a mesma língua.[8] Também é comum ouvir que as línguas europeias têm muitos dialetos ou que na África as línguas oficiais (dos colonizadores) convivem com dialetos nativos. O que é, então, língua e o que é dialeto?

Para o linguista Max Weinreich, "língua é um dialeto com um exército e uma marinha", o que não está muito longe da verdade.[9] Afinal, a tradicional distinção entre língua e dialeto está fundada em critérios mais políticos do que linguísticos.

Língua é um sistema de comunicação formado de sons vocais, ou fonemas, que se agrupam para formar unidades dotadas de significado, os morfemas (como radicais e afixos, por exemplo), que se agrupam para formar palavras, que se agrupam para formar frases, que se agrupam (ufa!) para formar textos.

Do ponto de vista estritamente linguístico não há nada que distinga língua de dialeto. Ambos os sistemas têm léxico (um inventário de palavras) e gramática (conjunto de regras de como as palavras se combinam para formar frases, parágrafos e textos). Quem fala um idioma nacional e um dialeto regional é tão bilíngue quanto quem fala dois idiomas. Então por que alguns sistemas são chamados de idiomas e outros não?

Dialeto vem do grego *diálektos*, composto de *diá*, "através", e *léktos*, "fala". Seria, segundo alguns, uma espécie de fala "atravessada", um linguajar defeituoso, não conforme às normas do falar estabelecidas pelos gramáticos. Na verdade, o sentido original da palavra era "fala intermediária", ou seja, língua veicular que permitia a comunicação entre as várias cidades-Estado gregas, cada uma com sua língua própria. De *língua franca*, dialeto passou a representar cada uma das línguas da Grécia, especialmente as faladas fora de Atenas, cuja variedade linguística, por sua importância cultural, tornou-se o próprio modelo da língua grega.

Essa definição de dialeto baseava-se numa visão preconceituosa que a elite ateniense do período clássico tinha em relação à fala tanto das camadas populares quanto dos estrangeiros (não atenienses, inclusive gregos de cidades vizinhas).

Hoje, costuma-se chamar de dialeto qualquer expressão linguística que não seja reconhecida como língua oficial de um país. Assim, um dialeto pode ser tanto uma variedade linguística regional do idioma oficial quanto uma língua sem qualquer parentesco com ele.

O occitano (ou provençal) e o bretão, falados na França, são tidos como dialetos. O primeiro é língua românica aparentada ao francês, que já produziu uma esplêndida literatura tempos atrás. Já o bretão é uma língua pertencente à família celta, sem parentesco direto com o francês. Hoje, ambas são usadas, em escala regional e paralelamente ao francês, na conversação diária e na comunicação de massa.

Em geral, o que faz uma língua ser considerada dialeto e não idioma é a ausência de literatura ou de tradição literária, o seu não reconhecimento pelo Estado ou mesmo a sua falta de prestígio. Alguns dialetos reúnem essas três condições, mas basta que uma esteja presente para que um falar regional veja irem por água abaixo suas aspirações de ser língua.

Em relação à presença de literatura, é preciso lembrar que algumas línguas ágrafas, como as nativas da África e da América, têm uma rica literatura oral, transmitida por gerações ao longo de séculos. Mas, para as línguas europeias, ciosas de sua tradição escrita, elas não têm literatura simplesmente por não produzirem livros.

O reconhecimento de uma variedade linguística como língua é questão meramente política. O catalão foi reconhecido pela Espanha como língua oficial, ao lado do castelhano, galego e basco, depois de ter sido violentamente reprimido pela ditadura franquista. Em Barcelona, é possível comprar edições bilíngues de diários como *El Periódico de Catalunya*, em catalão e espanhol, 100 páginas cada. Sua língua-irmã, o occitano, não é reconhecida pelo governo francês, que teme uma onda de separatismo, já que o reconhecimento de uma língua é o primeiro passo para a afirmação da nacionalidade.

A questão mais delicada é a que diz respeito ao "prestígio" de uma variedade. Alguns falares, mesmo próximos da língua-padrão, são estigmatizados por motivos históricos ou sociais. No Brasil, que busca lugar no olimpo das nações desenvolvidas, tudo o que lembre o passado rural é alvo de desprezo. Daí o preconceito contra o dialeto caipira e o nordestino, eleitos como ícones do atraso cultural.

Na tentativa de estabelecer distinção entre língua e dialeto que não se apoiasse em fatores políticos ou sociológicos, alguns buscaram critérios relacionados aos aspectos comunicacionais. O linguista romeno Eugenio Coseriu propôs o chamado critério da intercompreensão, segundo o qual dois falares podem ser considerados dialetos da mesma língua se seus falantes conseguem compreender-se mutuamente; caso contrário, teremos duas línguas diferentes.

Esse critério não é muito bom, porque se apoia num dado subjetivo: o grau de intercompreensão entre falantes. Falantes do português e do espanhol podem entender-se relativamente, portanto teríamos dialetos, segundo Coseriu. Já o português e o francês seriam línguas distintas, de acordo com o mesmo critério. Mas e o italiano em relação ao português?

Como os falares vão diferindo pouco a pouco à medida que nos deslocamos num dado território, é natural que a comunicação entre moradores de duas aldeias vizinhas seja total, ao passo que o diálogo entre habitantes de cidades distantes milhares de quilômetros é quase impossível.

Além disso, esse critério era válido enquanto a escolarização e os meios de comunicação não uniformizaram a linguagem nos territórios nacionais. Na Idade Média, quem viajasse de Paris a Florença percebia a lenta mudança que os falares sofriam no caminho, sem ruptura ou descontinuidade. Hoje, o francês de Paris e o italiano de Florença, idiomas oficiais da França e da Itália, convivem na fronteira entre esses dois países.

Estima-se que nos próximos 100 anos 50% das mais de 6 mil línguas existentes desaparecerão, a maioria por não ter o status de idiomas nacionais, sendo em muitos casos línguas ágrafas, de comunidades tribais, como é o caso das 274 línguas indígenas brasileiras (dados do Censo 2010 do IBGE). A causa dessa extinção em massa de línguas é a pressão dos idiomas de cultura, seja o idioma nacional do país, seja o inglês como língua global. Nas comunidades tribais da África e da América, o imperialismo linguístico-cultural branco tem mais um forte aliado: os pregadores religiosos de seitas cristãs fundamentalistas, que combatem não só as crenças mas também as línguas dos nativos como "coisa do diabo". Ou seja, hoje em dia língua também é um dialeto com um exército de missionários.

CIÊNCIAS DO DIALETO

O abuso da palavra dialeto criou a expressão "dialetos sociais" (mais adequadamente chamados de socioletos) para designar as diferentes normas segundo as quais se expressam os diversos setores da sociedade (classes sociais, grupos profissionais, segmentos identificados por sexo, faixa etária, tendência política, credo religioso, interesses pessoais etc.).

A disciplina que estuda a variação geográfica da língua se chama dialetologia, geografia linguística ou simplesmente geolinguística. Já a ciência que estuda os socioletos é a sociolinguística.

COMO SURGEM OS DIALETOS

Já se disse que línguas são organismos vivos, que nascem, crescem, se reproduzem e morrem. Na verdade, poderiam ser comparadas com mais propriedade a espécies biológicas. Cada ato de fala ou escrita do português seria um espécime da espécie chamada língua portuguesa.

E, assim como acontece com as espécies biológicas, os idiomas evoluem, sucedendo às vezes de uma língua tornar-se duas ou mais, ou extinguir-se sem deixar descendentes. Sua tendência natural é evoluir e fragmentar-se. Quando isso não ocorre, ou ocorre lentamente, é porque uma força (por exemplo, a escola) está agindo em sentido oposto.

As línguas evoluem por mutação. Pequenas alterações na pronúncia, na gramática ou no léxico (mudanças de sentido, novas palavras) ocorrem o tempo todo.

Essas mutações se acumulam e ocorrem simultaneamente, mas com resultados diferentes, em todo um território. A distância geográfica e a ausência ou dificuldade de comunicação entre os habitantes de regiões distintas faz com que, ao fim de um período, os falares das regiões estejam bem diferentes entre si.

Outro fator de dialetação é o substrato linguístico. Quando o português chegou, havia várias línguas indígenas no Brasil. Ele se impôs como idioma oficial e de cultura, mas resquícios das demais línguas ficaram "por baixo" dele, influenciando, em cada região, o vocabulário e a pronúncia.

Há casos em que a diferenciação regional chega a ser tanta que leva à mútua incompreensão. Se as mutações não só alterarem o falar local como se propagarem para localidades vizinhas, como ondas, a superposição dessas "ondas" de inovações dará ao mapa linguístico de um país o aspecto de uma colcha de retalhos.

DE DIALETO A LÍNGUA-PADRÃO

As línguas nacionais são dialetos que conquistaram prestígio em relação aos demais porque produziram importante literatura ou eram os dialetos falados pela classe dominante.

A língua oficial de uma nação tende a ser o dialeto da capital. Por isso, os falares regionais não são dialetos da língua oficial. São dialetos de sua língua-mãe.

O napolitano não é dialeto do italiano (isto é, florentino): na verdade, os dois são versões atuais de dialetos do latim vulgar falado no primeiro milênio da nossa era.

Como alguns dialetos se distanciam mais do que outros em relação à língua de origem, muitos deles representam estados mais antigos de uma língua, que ainda conservam traços já desaparecidos na língua-padrão.

Quando uma nação se forma, isto é, cria consciência nacional, desenvolve uma língua nacional. Ela é baseada no dialeto de maior prestígio, mas recebe contribuições de outros dialetos e vira uma espécie de *koiné*, compreensível em maior ou menor grau por todos os cidadãos.

A língua-padrão passa a ser ensinada nas escolas e, com a comunicação de massa, veiculada na mídia. Isso, aliado ao prestígio e à possibilidade de ascensão social permitida pelo domínio do padrão, faz com que falares regionais tendam a sumir.

A língua-padrão é sujeita à regulamentação da gramática normativa, o que lhe dá caráter conservador e refreia parte da tendência natural à evolução. O português oficial é fundamentalmente o dialeto lisboeta, que suplantou o galaico-português dos primeiros séculos da história lusitana, enriquecido por outros dialetos portugueses e idiomas.

Exemplo de invenção de uma língua-padrão é o *nynorsk*, ou neonorueguês, criado no século XIX com base em dialetos do interior da Noruega, por oposição ao norueguês oficial, muito influenciado pelo dinamarquês. Hoje, ambos são oficiais no país.

O QUE É UMA LÍNGUA?

Diz o mito bíblico que, no princípio, todos os habitantes da Terra falavam uma só língua, mas, para castigá-los por sua pretensão de construir uma torre que chegasse até os céus, Deus confundiu suas falas, e desde então ninguém mais se entendeu. O relato mítico da torre de Babel pode não estar muito longe do que realmente aconteceu. Na verdade, há duas teorias principais sobre a origem das línguas: a monogênica ou unilocal, segundo a qual teria existido uma língua primeira, falada na África em alguma época entre 200 mil e 30 mil anos atrás, e a poligênica ou multilocal, que argumenta ter a linguagem emergido como uma propriedade evolutiva do cérebro em várias populações humanas ao mesmo tempo.

Como quer que tenha sido, a realidade é que as línguas vão se dialetando e dando origem a novas línguas, de tal modo que, tenha ou não havido uma primeira língua, os idiomas falados hoje têm ancestrais comuns, o que permite, aliás, a identificação de famílias linguísticas e a construção de árvores genealógicas.

Falei na seção anterior sobre a diferença entre idioma e dialeto, diferença, por sinal, muito mais política do que linguística. Afinal, cientificamente falando, tanto os idiomas oficiais quanto os dialetos regionais e tribais nada mais são do que línguas. E à linguística interessam todas as línguas, não importa seu status político. Mas o que é, então, uma língua? Segundo o *Dicionário de linguística* de J. Dubois et al., "língua é um instrumento de comunicação, um sistema de signos vocais específicos aos membros de uma mesma comunidade". E, para Saussure, "constitui-se num sistema de signos onde, de essencial, só existe a união do sentido e da imagem acústica, e onde as duas partes do signo são igualmente psíquicas".

Por sistema entendemos um conjunto de partes que se articulam e se combinam entre si segundo regras dadas. A língua é um sistema em que signos (palavras) se combinam numa certa ordem, sendo, *grosso modo*, um léxico regido por uma gramática.

Se as línguas variam no tempo e no espaço, graças a inovações que ocorrem a todo instante, é natural que os falares de dois locais relativamente distantes um do outro se diferenciem com o tempo. A questão crucial e espinhosa para a linguística é determinar a partir de que ponto esses falares deixam de ser meras variedades de uma mesma língua e passam a ser dois dialetos (duas línguas distintas) que poderão, com o tempo, tornar-se dois idiomas nacionais.

A gênese das línguas se assemelha muito ao problema biológico da especiação. A diferença é que os biólogos têm métodos mais objetivos para determinar se dois espécimes pertencem a raças ou a espécies diferentes. Por exemplo: se, após o cruzamento de ambos, os filhotes nascerem estéreis, temos espécies distintas. (Mesmo assim, esse método é inviável para classificar fósseis de espécies extintas.)

O critério da intercompreensão, usado para fazer a distinção entre línguas, é subjetivo. Afinal, existem diferentes graus de intercompreensão: imagine um nordestino conversando com um gaúcho, com um português, um espanhol, um russo, e assim por diante. A partir de que ponto é possível dizer que o entendimento mútuo é suficientemente pequeno para que tenhamos duas línguas?

Um exemplo familiar é o próprio português. Ele é falado em vários países e tem, no mínimo, três variedades: lusitano, africano e brasileiro. Por outro lado, existe na Espanha o galego, idioma oficial da Galícia e razoavelmente semelhante ao português lusitano, tanto que a intercompreensão é quase total. Em alguns aspectos, o português lusitano está mais próximo do galego, que é outro idioma, do que do brasileiro, que é outra variedade do português.

Historicamente, havia apenas uma língua, o galaico-português, falado no noroeste da península ibérica entre os séculos XI e XIV, até que a progressiva dialetação deu origem, mais ao sul, ao português e, ao norte, ao galego. Este último permaneceu como dialeto até o século XIX, quando voltou a produzir literatura, e mais recentemente foi reconhecido pelo governo como um dos idiomas oficiais da Espanha.

Se compararmos as variedades lusa e brasileira do português, especialmente na modalidade oral, encontraremos diferenças tão marcantes que justificariam até falar em dialetos. Afinal, há muitas divergências lexicais e sobretudo fonológicas, morfológicas e sintáticas. Filmes portugueses costumam ser dublados ou legendados no Brasil, e as legendas nem sempre coincidem com a fala original dos atores.

Possivelmente, a classificação do português lusitano e do brasileiro como variedades e do galego como língua tem caráter político. Pela mesma razão, há controvérsias em determinar se holandês e flamengo, romeno e moldavo, sérvio e croata, hindi e urdu são idiomas ou variedades. A distância entre o holandês, idioma oficial dos Países Baixos, e o flamengo, uma das línguas da Bélgica, não é maior do que entre o inglês britânico e o americano. Apesar disso, os belgas de fala flamenga são bastante ciosos de seu idioma.

No caso do servo-croata ou do hindi-urdu, há questões nacionais, étnicas e religiosas envolvidas. Até mesmo os alfabetos usados de cada lado da fronteira são diferentes, o que indica que o sentimento de pertença mútua é bem fraco nesses casos.

De modo geral, podemos dizer que um idioma é uma língua com expressão escrita em registro formal, uso sistemático na comunicação diária, nas relações de trabalho e comércio, em documentos oficiais, nas comunicações de massa (jornais, revistas, rádio, TV, internet), não restrito a um pequeno número de localidades e, acima de tudo, expressando um sentimento de identidade nacional por parte dos falantes. As variedades regionais (tecnicamente chamadas de diatópicas) ou sociais (diastráticas), assim como os dialetos, seriam desvios menores ou maiores desse padrão. Na verdade, poderíamos considerar as variedades como desvios em nível de norma,[10] ao passo que os dialetos apresentariam diferenças em nível de sistema: por exemplo, a existência de fonemas diferentes, modos distintos de flexionar palavras, presença de tempos ou modos verbais exclusivos, e assim por diante. O problema é que, por esse critério, que parece objetivo, o português lusitano e o brasileiro já estão deixando de ser variedades para tornar-se dialetos. Isso confirma o diagnóstico de Noel Rosa no samba "Não Tem Tradução", que diz: "Tudo aquilo que o malandro pronuncia / Com voz macia é brasileiro, já passou de português." Mas também põe em xeque o futuro da chamada lusofonia.

UNIVERSAIS LINGUÍSTICOS: GENÉTICA OU PROTOLÍNGUA?

Uma das questões mais prementes da pesquisa linguística são os chamados universais da linguagem, elementos ou características presentes em todas as línguas naturais, mesmo naquelas que jamais tiveram contato entre si nem têm ascendência comum. Uma das bases da ciência é justamente a possibilidade de encontrar leis gerais que governam todos os objetos particulares de um determinado domínio. Que toda a matéria é feita de átomos é um princípio fundamental da física; que todos os seres vivos se reproduzem é um universal da biologia, e assim por diante. Na linguagem, são universais fatos como: todas as línguas têm gramática; todas são compostas de palavras; todo signo linguístico tem significante e significado.

Mas há fatos ainda mais gerais, como a constatação de que a própria linguagem verbal é universal: não há nenhum povo que se comunique preferencialmente por outro código que não as palavras (como assovios, gestos, toques). Ou seja, a própria prevalência da linguagem verbal é um traço universal e definidor da espécie humana. Até aí, não há dúvida de que se trata de um mecanismo com raízes biológicas: em algum momento da evolução da espécie, a linguagem verbal articulada emergiu como função biológica vantajosa à sobrevivência, que passou desde então a ser transmitida geneticamente. Isso significa que a aptidão linguística está de alguma forma inscrita em nossos genes – o que não quer dizer, evidentemente, que as línguas que falamos são herdadas por via genética: obviamente, trata-se de um aprendizado.[11]

Mas as características estruturais mais básicas das línguas, somadas ao aparato cognitivo subjacente a elas em nível mais profundo, fazem crer que toda língua se desenvolve e evolui segundo um padrão que não é cultural, mas neurológico. É como dizer que cada língua é um *software* diferente, mas todos rodam a partir do mesmo sistema operacional e dentro do mesmo *hardware*. Essa tese, chamada de *inatismo linguístico*, foi defendida sobretudo por Chomsky e os gerativistas e ganha cada vez mais força com os atuais estudos da neurociência e ciências cognitivas.

Mas há um problema de difícil solução com respeito aos universais linguísticos: o vocabulário. Sabe-se há muito tempo que certas palavras do léxico mais primitivo das línguas, como os termos para "pai" e "mãe", se parecem espantosamente, mesmo em línguas distantes no tempo e no espaço, línguas que jamais tiveram contato entre si nem demonstram qualquer traço de parentesco. A presença de um elemento fonético p ou t (e suas variantes f, b e d) nos correspondentes a "pai" e m ou n nos correspondentes a "mãe" (veja Quadro 2) sugere que esses termos provieram da própria comunicação infantil pré-linguística (bebês em fase pré-linguística balbuciam coisas como *pá*, *tá*, *má*, *mamá* diante dos pais ou pedindo para mamar) e, portanto, seriam fruto de programação genética.

Mas a reconstrução de línguas mortas não documentadas por comparação entre línguas documentadas levou os linguistas norte-americanos Merritt Ruhlen e Murray Gell-Mann à hipótese de que teria existido uma protolíngua, ou mãe de todas as línguas, que eles chamaram de *proto-sapiens*, da qual já falamos (uma das palavras reconstruídas nesse idioma seria *tik*, "dedo"). Ou seja, segundo a teoria que ficou conhecida, de modo algo depreciativo, como "torre de Babel" (da qual falamos anteriormente), todas as línguas naturais existentes hoje em dia descenderiam remotamente de uma língua primeira, falada na África à época do surgimento da própria espécie humana atual, o *Homo sapiens* (cerca de 200 mil anos atrás). Embora muito controversa, essa teoria tem vários adeptos e não pode ser de todo rechaçada.

Coloca-se então a questão: as palavras para "pai" e "mãe" se parecem na maioria das línguas conhecidas porque estão em nosso código genético ou porque têm ancestrais comuns na protolíngua? Trata-se de herança biológica ou cultural? Em que casos houve transmissão por empréstimo e, portanto, contato linguístico e em que casos não? A linguística atual não tem respostas seguras para essas perguntas, mas está trabalhando intensamente para chegarmos, dentro dos próximos anos, a alguma conclusão. E, dada a velocidade com que tem ocorrido a extinção em massa de línguas no último século, trata-se de uma corrida contra o tempo.

Quadro 2

"pai/mãe" em diversas línguas do mundo		
albanês: *babai/nëna*	hebraico: *abh/em*	maori: *papa/whaea*
árabe: *ab/am*	hmong: *txiv/niam*	nepalês: *bubā/āmā*
azeri: *ata/ana*	húngaro: *apa/anya*	sesotho: *ntati/'mè*
basco: *aita/amak*	inglês: *father/mother*	suahili: *baba/mama*
birmanês: *hpahkain/mihkain*	ioruba: *baba/iya*	tailandês: *phx/mæ*
cazaque: *äke/ana*	laosiano: *pho/aem*	turco: *baba/anne*
cebuano: *amahan/inahan*	latim: *pater/mater*	usbeque: *ota/ona*
coreano: *abeolji/eomeoni*	malaiala: *pitāv/am'ma*	vietnamita: *cha/me*
estoniano: *isa/ema*	malaio: *bapa/ibu*	zulu: *ubaba/umama*
georgiano: *mama/deda*	mandarim: *fùqin/mŭqin*	

A MORTE DAS LÍNGUAS

Linguistas preveem que metade das cerca de 6 mil línguas faladas no mundo atualmente desaparecerá em um século – uma taxa de extinção de línguas que supera as estimativas mais pessimistas quanto à extinção de espécies biológicas. Existe até uma conexão entre a diversidade linguística e a biodiversidade: os países com a maior diversidade biológica têm em geral também a maior diversidade linguística. Tanto que a Unesco propôs, por analogia com a palavra *biosfera*, o termo *logosfera* para denominar o conjunto de línguas do mundo.

Segundo essa entidade, 96% da população mundial fala apenas 4% das línguas existentes. E apenas 4% da humanidade partilha o restante dos idiomas, metade dos quais se encontra em perigo de extinção. Entre 20 e 30 idiomas desaparecem por ano – uma média de uma língua a cada duas semanas.

A menos que cientistas e líderes políticos façam um esforço mundial a fim de deter o declínio das línguas locais, provavelmente 90% da diversidade linguística da humanidade se extinguirá.

A perda de línguas raras é lamentável por várias razões. Em primeiro lugar, pelo interesse científico que elas despertam: algumas das questões básicas da linguística estão longe de estar inteiramente resolvidas. E essas línguas ajudam a saber quais elementos da gramática e do vocabulário são realmente universais, isto é, resultantes das características do próprio cérebro humano.

A ciência também tenta reconstruir o percurso de antigas migrações, fazendo um levantamento de palavras emprestadas, que ocorrem em línguas sem qualquer parentesco. Afinal, se línguas não aparentadas partilham palavras, então seus povos estiveram em contato em algum momento.

Quando uma língua morre, perde-se para sempre uma peça desse intrincado quebra-cabeças. Perde-se também o saber específico de uma cultura e uma visão de mundo única.

Um comunicado do Programa das Nações Unidas para o Meio Ambiente (PNUMA) diz que "o desaparecimento de uma língua e de seu contexto cultural equivale a queimar um livro único sobre a natureza". Afinal, cada povo tem um modo único de ver a vida. Por exemplo, a palavra russa *mir* significa igualmente "aldeia", "mundo" e "paz". É que, como os aldeões russos da Idade Média tinham de fugir para a floresta em tempos de guerra, a aldeia era para eles o próprio mundo, ao menos enquanto houvesse paz.

Na África, um dos continentes com o maior número de línguas ameaçadas, 80% delas não apresentam registros escritos. Mas mesmo que uma língua tenha sido totalmente documentada, tudo o que resta depois que ela se extingue é um esqueleto fossilizado. E estudar fósseis nunca é a mesma coisa que estudar espécies vivas.

As principais causas para a extinção das línguas são a dominação econômica e cultural e a explosão demográfica. Isso leva os falantes de uma língua a ter dúvidas sobre a sua utilidade. Muitos – inclusive as crianças – consideram sua própria língua inferior à língua dominante e param de usá-la. Do mesmo modo como os idiomas oficiais europeus sufocaram progressivamente os dialetos locais a partir de fins do século XIX, o mesmo fenômeno se verifica hoje em escala global, com as grandes línguas de cultura (inglês, espanhol, russo, árabe, mandarim etc.) suplantando os falares regionais e tradicionais.

No entanto, as próprias línguas de cultura também competem entre si: assim como o latim, hegemônico na Idade Média, foi aos poucos dando lugar ao francês como idioma da ciência e da erudição, este também viu seu declínio diante do inglês na passagem do século XIX para o XX e especialmente após a Segunda Guerra Mundial. Especialistas antecipam que o próprio inglês possa perder terreno, nas próximas décadas, para línguas de nações emergentes, como o hindi e o mandarim.

Por outro lado, uma esperança de reverter a tendência à extinção em massa de línguas é a forte migração para os grandes centros urbanos. O contato entre duas ou mais populações no mesmo espaço territorial acaba conduzindo a miscelâneas linguísticas, como ocorreu no passado com o *michif* (misto de francês com a língua indígena canadense *cree*) e o *mednyj* (mistura de russo e aleúte, língua do Alasca). Atualmente, a presença de imigrantes africanos e asiáticos nas grandes cidades europeias já sinaliza o surgimento de novos dialetos.

Tudo isso significa que talvez a diversidade linguística não se reduza tão drasticamente, mas sobretudo mude de forma. De qualquer maneira, a extinção é para sempre: uma língua desaparecida sem documentação jamais voltará a ser falada. Com isso, muitas informações preciosas sobre modos de vida e relacionamento com a natureza se perderão definitivamente.

Apesar de tudo, muitos esforços estão sendo feitos, por governos, universidades e ONGs, para reverter esse quadro, em alguns casos com sucesso. Línguas que se encontravam em risco iminente de desaparição voltaram a ser faladas depois de introduzidas na escola, o que fez surgir novas gerações de falantes. Algumas dessas línguas hoje demonstram novamente grande vitalidade. Sendo a humanidade tão numerosa hoje (mais de 7 bilhões de indivíduos), nem mesmo toda a tecnologia da comunicação pode fazer com que todos venhamos um dia a falar uma única língua – o que seria o sonho dos capitalistas e o pesadelo dos linguistas.

A evolução linguística

A LÍNGUA MAIS ANTIGA

Qual é a língua mais antiga do mundo? A ciência não tem uma resposta a essa pergunta, talvez porque não haja efetivamente uma resposta. De fato, nunca existiu uma língua que pudesse ser identificada como "a primeira", como se os seres humanos tivessem começado a falar a partir do nada. Por mais que recuemos no tempo em busca de estágios cada vez mais antigos da linguagem (e essa viagem ao passado esbarra em limites práticos que nos impedem de retroceder mais do que uns 10 mil anos), sempre encontramos estágios anteriores em que já havia uma língua sendo falada.

Na verdade, nem sabemos se nos primórdios de nossa espécie havia uma única língua que deu origem às demais por dialetação ou se a linguagem emergiu espontaneamente – e de modo independente – em vários grupamentos humanos ao mesmo tempo. O que sabemos é que as línguas (salvo prova em contrário) obedecem a princípios universais, que motivaram o surgimento da teoria da "gramática universal".

O linguista israelense Guy Deutscher inicia o livro *O desenrolar da linguagem* afirmando: "A linguagem é a maior invenção da humanidade – exceto pelo fato de que nunca foi inventada." A obra discute, à luz dos modernos conhecimentos científicos, como foi possível passar do estágio "eu Tarzan, você Jane" às mais complexas manifestações do pensamento, como romances e tratados filosóficos. Dito em outras palavras, como passamos da protolinguagem, comum aos primatas, à linguagem propriamente dita, com seu extenso vocabulário e sua complexa gramática. A linguagem nunca foi inventada porque é fruto de um longo processo evolutivo, quase sempre inconsciente, e paralelo ao progressivo desenvolvimento do cérebro. Mas a verdade é que ainda não se sabe ao certo como o ser humano começou a falar de forma articulada. Uma hipótese aventada pelos cientistas é a de que a linguagem surgiu como uma exaptação do cérebro, isto é, um desenvolvimento colateral e acidental que não tinha função previamente determinada – até encontrar uma: pensar de maneira "desconectada", ou seja, em coisas que não estão na nossa frente neste exato momento.

O pensamento desconectado é a origem da aptidão simbólica do homem. A partir do momento em que fomos capazes de pensar em coisas ausentes (passadas, futuras, hipotéticas ou abstratas), fomos capazes de representá-las mental e depois simbolicamente. Só que isso ainda não explica a crescente complexidade da linguagem. Para tentar esclarecer como isso se deu, Deutscher compara a linguagem a um recife de corais; só que, no lugar dos corais, o que há neste caso são antigas metáforas, palavras cujo significado original se perdeu com o tempo: de tão usadas em sentido diferente, ninguém mais se lembra de seu significado original. Como num recife, as camadas mais internas, que um dia já foram colônias de pólipos vivos, hoje são estruturas fósseis; um dia, as camadas externas também vão morrer e servir de base às próximas gerações de corais – ou de metáforas.[12]

Numa linguagem primordial devia haver apenas palavras para denominar coisas físicas (como partes do corpo, animais e objetos), ações simples (como andar, comer, arremessar) e indicações (eu, você, isso, aquilo, aqui, lá...). As abstrações vieram depois, o que parece natural em termos do processo evolutivo do homem e da mente humana: os termos que designavam a língua ou a boca passam a ser usados com o sentido de "fala" e, depois, de "linguagem"; a partir do substantivo *olho* surge o verbo *olhar*; inversamente, do verbo *comer* nasce o substantivo *comida*; a palavra para "rocha" também passa a significar "duro" e, a seguir, "difícil", e assim por diante. Portanto, as coisas do mundo físico vão adquirindo sentido figurado e tornando-se termos abstratos.

A lei do mínimo esforço leva a uma redução constante das estruturas: foi assim que *vossa mercê* se transformou em *vosmecê*, depois *você* e, hoje em dia, já se ouve dizer *ocê* e mesmo *cê*. Inversamente, a busca da expressividade leva a construções mais elaboradas, que compensam o desgaste natural das palavras: o latim *hic*, "aqui", que já era bem curtinho, com o tempo perdeu o *c* final e virou *hi*. Para compensar, os romanos começaram a empregar a expressão *eccu hi*, "bem aqui, aqui mesmo". Com o tempo, *eccu hi* deu *acqui* e depois o nosso *aqui*. Da mesma forma, o latim *solum* evoluiu para o português *só*; aí nós resolvemos pôr essa palavra no diminutivo para dar mais ênfase e criamos o adjetivo *sozinho*.

Mas a linguagem não é feita só de palavras. É preciso ter também uma gramática. Como as palavras teriam então começado a se combinar para formar frases e pensamentos mais complexos? Segundo a teoria mais aceita atualmente, a comunicação humana passou do estágio da protolinguagem à linguagem articulada quando a vida dos nossos ancestrais se tornou suficientemente complexa para exigir uma comunicação mais sofisticada. Segundo Keith Devlin, o *Homo erectus*, nosso ancestral que viveu há cerca de 1 milhão de anos, provavelmente já se comunicava com algumas palavras, mas sua língua não dispunha de gramática.

Até onde se sabe, os neandertais que habitavam o hemisfério Norte quando o *Homo sapiens* lá chegou tampouco conheciam a linguagem articulada. Por isso, o máximo que um neandertal conseguia dizer aos companheiros era alguma coisa do tipo: "mamute morto, tigre" (apontando para o norte), "fruta" (apontando para o oeste).

Já o *Homo sapiens* era capaz de, na mesma situação, dizer algo como: "Há um mamute morto lá ao norte, mas ontem havia tigres na vizinhança, de modo que, se formos até lá e eles ainda estiverem no local, devemos estar prontos para nos deslocar para o oeste, onde há muitas frutas boas e pouco perigo." Portanto, a vantagem evolutiva que a linguagem articulada nos proporcionou é evidente – caso contrário, ainda haveria neandertais sobre a Terra!

Embora o próprio Deutscher afirme que só é possível reconstruir o passado da linguagem humana até o ponto em que já havia algumas palavras, sendo leviana qualquer hipótese sobre como grunhidos se tornaram palavras, o fato é que vários pesquisadores tentam, com base em uns poucos dados empíricos e muita teorização, delinear como seria a linguagem articulada mais primitiva que poderia ter existido, a partir da qual evoluímos para os sistemas altamente complexos da atualidade.

Ao que tudo indica, as primeiras línguas faladas pelo homem eram isolantes como o chinês (língua isolante é aquela em que a maior parte dos morfemas são livres, isto é, palavras com significado próprio, que dispensam afixos e outros elementos aglutinados para indicar seu valor sintático). Eram, além disso, formadas de palavras monossilábicas que representavam coisas, qualidades, processos ou demonstrativos. Com o tempo, algumas dessas palavras, por aparecerem sempre juntas, foram-se soldando, formando palavras compostas. Depois, alguns desses elementos foram perdendo seu caráter lexical e se tornando partículas gramaticais, como preposições e sufixos. Por exemplo, a desinência *-*mi* da primeira pessoa do singular dos verbos indo-europeus (*esmi, "eu sou") devia ser o próprio pronome *me, "eu". Portanto, as palavras derivadas eram originalmente compostas. (Em línguas como o indo-europeu, os radicais e afixos são todos monossílabos, o que revela o caráter originalmente monossilábico de sua língua-mãe. Aliás, em indo-europeu, sílaba e morfema eram a mesma coisa.)

Quanto à fonética da suposta "língua de Adão e Eva", é bem provável que só houvesse consoantes oclusivas (p, t, k), aspiradas ou não, além de nasais (m, n), líquidas (r, l) e talvez s. Provavelmente só havia as vogais *a*, *i* e *u*, por sinal, os três tipos mais extremos de articulação vocálica (central baixa, anterior alta e posterior alta). Os timbres intermediários (*é*, *ê*, *ó*, *ô*) só teriam surgido muito depois, como variações dos sons básicos. Aliás, até hoje muitas línguas, como o espanhol, não fazem distinção entre os timbres aberto e fechado do *e* e do *o*. Em outras, como o árabe, esses timbres intermediários são meras variantes sem valor distintivo das três vogais primárias.

Talvez nunca saibamos ao certo como tudo começou, e por isso mesmo o mistério da origem da linguagem seja tão fascinante quanto o das demais origens – do Universo, da vida e da consciência. Enquanto a ciência não fornece uma explicação conclusiva, cabe à inteligência humana, aliada à imaginação, vislumbrar a resposta – ou ao menos deleitar-se com a pergunta.

O DARWINISMO DA LINGUAGEM

"As línguas são organismos que nascem, se desenvolvem, se reproduzem e morrem." Esse lema, instituído pela linguística histórico-comparativa, fundou-se na semelhança encontrada pelos historiadores das línguas entre a evolução linguística e a biológica. A teoria da evolução das espécies, proposta por Charles Darwin em 1859, influenciou profundamente o pensamento científico do século XIX, com reflexos evidentes na linguística, que então dava seus primeiros passos. Foi nesse momento que a filologia, que até então partia do conhecimento de língua para reconstituir textos, passou também a partir dos textos para reconstituir as línguas, numa espécie de "arqueologia" ou "paleontologia" linguística.

A metáfora biológica, considerada uma heresia durante a maior parte do século XX, mais voltado aos aspectos sociais, culturais – numa palavra, "humanos" – da língua, hoje volta com toda a força graças aos avanços tanto da linguística quanto das biociências e da neurociência. Se a linguística do século XIX se ocupou da evolução histórica, e a do século XX, da organização estrutural da língua, hoje o que se busca é a articulação de ambas as perspectivas para compreender a linguagem como fenômeno ao mesmo tempo cultural e biológico.

Os mesmos enfoques estrutural e evolutivo são dados ao estudo das espécies biológicas. É o que fazem a paleontologia, a anatomia e a fisiologia. Mas também há uma disciplina que faz a ligação entre a evolução e a estruturação das espécies biológicas: a genética. Ela explica como ocorrem nos espécimes e se transmitem aos descendentes as mutações que, a longo prazo, acarretam a mudança da espécie. E pode fornecer ferramentas para compreendermos também como a estrutura linguística funciona e evolui simultaneamente.

Nas últimas décadas, a linguística evolucionária vem ocupando cada vez mais o interesse de especialistas, e novas teorias, como a do *proto-sapiens*, têm sido propostas, sobretudo graças às contribuições mútuas entre disciplinas humanísticas e biológicas, como a filologia, a arqueologia, a paleoantropologia, a genética e a ciência cognitiva. A iminente extinção em massa de línguas, com a perda da diversidade linguística (catástrofe comparável à perda da biodiversidade), precipita a catalogação e descrição de línguas ágrafas, em especial africanas, ameríndias e polinésias, o que reaviva o interesse dos linguistas pela origem das línguas.

Vários estudos nestas décadas correlacionam dados genéticos e culturais, especialmente a língua. Para o geneticista italiano Luigi Luca Cavalli-Sforza, a transmissão linguística faz parte da transmissão cultural. Segundo sua teoria da Eva africana, se, analogamente aos genes, a língua se transmite de uma geração a outra (embora por meios diferentes), é possível que todas as línguas atuais descendam de uma língua falada na África há cerca de 200 mil anos.

Segundo o biólogo britânico Richard Dawkins, fatos culturais (que ele chama de memes) transmitem-se aproximadamente conforme a mesma dinâmica da transmissão dos genes. Os fatos linguísticos e a própria língua seriam então um caso particular de memes, objeto de estudo da memética.[13]

Na realidade, o modelo biológico evolucionário de sistema é universal, isto é, pode ser aplicado, com as devidas restrições e adaptações, a línguas, sociedades, civilizações, economias, sistemas computacionais, comunicacionais, semióticos não verbais e cibersemióticos, geológicos e mesmo cosmológicos. Em suma, a qualquer sistema dotado de uma propriedade chamada *autopoiese* (forma de organização na qual o sistema produz e substitui seus próprios componentes, e se autorreproduz, numa contínua articulação com o meio).

Portanto, não surpreende que a língua seja passível do mesmo método de estudo que é aplicado aos sistemas complexos adaptativos naturais, como a vida. Muito cedo se percebeu que a língua é um sistema regido por leis bastante claras, que, como hoje se pensa, são fruto da natureza biológica da linguagem. O que perturbava os estudiosos eram as inúmeras exceções, que punham uma certa dose de caos na aparente ordem da gramática. Uma compreensão mais profunda dos sistemas naturais permitiu perceber que as irregularidades também são previsíveis e explicáveis racionalmente. A teoria dos sistemas permitiu agregar a linguística ao rol das ciências ditas "positivas".

Com isso, a metáfora biológica da linguagem volta a fazer sentido, com a única ressalva de que os linguistas histórico-comparativos e filólogos do século XIX erraram ao comparar a língua a um organismo, isto é, a um espécime. Os fatos linguísticos estruturam-se em três níveis, língua, norma e fala. Assim, a língua, que é um fenômeno social, corresponderia à espécie, e os atos de fala dos inúmeros falantes, vivos ou mortos, presentes ou passados (fenômenos individuais), corresponderiam aos espécimes que compõem a espécie. Entre esses dois níveis situam-se as normas, fenômenos linguísticos grupais (como as gírias, por exemplo), equivalentes a subespécies ou raças.

Decorre daí que não há línguas mortas, há falas mortas. As línguas não morrem, mas evoluem para outras línguas ou então se extinguem, quando não deixam descendentes. O equívoco em comparar uma língua a um organismo biológico está em que espécies não morrem, quem morre são os indivíduos, sejam eles animais, plantas ou falantes. Do mesmo modo como uma espécie animal ou vegetal é o resultado de uma abstração e categorização feitas a partir da análise dos indivíduos isolados – os espécimes – para reconhecer-lhes os traços morfológicos e genéticos em comum, as línguas também são abstrações realizadas a partir dos atos de fala, única realidade palpável e observável pelo linguista.

O procedimento de classificar animais, plantas e micro-organismos em famílias, gêneros, espécies etc., é o mesmo que dá origem às árvores genealógicas das línguas. E, curiosamente, há uma forte correlação entre a árvore da evolução genética e a da evolução linguística do ser humano.

Poderíamos dizer, em linguagem figurada, que o homem é o produto da interação entre um *hardware*, um *software* e o contexto social. O *hardware* (o cérebro) foi capaz de gerar um *software* (a linguagem) que se autoproduz e interage com a sociedade como um organismo interage com o meio. A linguagem permite o pensamento simbólico, que desencadeia a ação e, por sua vez, produz a mudança social. Esta acarreta a mudança (ou mutação) linguística, que enseja novos pensamentos, num ciclo interminável.

A linguagem altera a sociedade, que altera a linguagem. É por isso que a língua muda enquanto funciona (interage com o meio, com os falantes) e funciona enquanto muda. Se parasse de evoluir, cairia em desuso, pois não daria mais conta da mudança social. Por outro lado, quando uma língua cai em desuso, ela para de evoluir e permanece fossilizada nos registros que deixou.

O termo *mutação linguística* é um empréstimo tomado à biologia. Afinal, a inovação linguística ocorre segundo um princípio similar ao da mutação genética. Nos seres vivos, as moléculas de DNA produzem cópias de si mesmas. A falha nesse processo resulta numa cópia imperfeita da molécula original. Conforme o DNA prossegue se autorreplicando, essas falhas, ou mutações, vão-se acumulando, de modo que, após gerações, alterações significativas nos organismos já podem ser notadas.

Analogamente, como todo ato de fala é uma recombinação de elementos e modelos preestabelecidos na língua, que o falante internalizou (léxico, construções sintáticas, pronúncia dos fonemas etc.), cada novo ato de fala é uma tentativa de reproduzir a expressão e o conteúdo de mensagens anteriores, tentativa que produz, porém, uma cópia "falha", isto é, diferente, ainda que mínima e imperceptivelmente, do original, tanto no significado quanto na forma fônica dos elementos linguísticos.

As formas correntes e as mutantes sofrem o mesmo processo de seleção que as espécies biológicas. Não se trata de seleção natural, mas cultural.[14]

A nova forma (mutante) compete com a velha, de tal modo que convivem por um tempo, depois uma suplanta a outra. A nova palavra (ou pronúncia, construção sintática, significado, expressão idiomática etc.) pode, com o tempo, impor-se a mais e mais falantes, assim como palavras e expressões correntes podem tornar-se arcaísmos (quem hoje em dia ainda diz *madeixa* ou *supimpa*?). Mas uma inovação pode ser abandonada pouco depois de ter sido criada. São os modismos. A inovação pode também permanecer restrita à fala do seu criador, sem conseguir a adesão dos demais.

É a adaptação da nova forma linguística às necessidades sociais de comunicação que determina sua sobrevida. A diferença é que a mutação genética se transmite só de uma geração a outra (por herança), ao passo que a mutação linguística também circula entre membros contemporâneos da mesma sociedade (por contágio).

Esse mecanismo explica o processo da dialetação: pequenas mudanças fonéticas, gramaticais, semânticas ou lexicais criam, ao se acumular no tempo, dialetos; o acúmulo dessas mudanças, sobretudo por força do distanciamento geográfico ou social dos falantes, leva, ao fim de um longo período, ao surgimento de novas línguas. Enfim, o "erro" é na verdade uma mutação.

Os fenômenos evolutivos são a causa tanto da diversidade linguística quanto da biodiversidade. A evolução linguística suscita semelhanças inusitadas com problemas de natureza biológica. No livro *Jurassic Park*, Michael Crichton sugere a clonagem de animais extintos a partir do DNA de fósseis preservados. Ora, a ressurreição de uma língua como o extinto hebraico, mantido "fossilizado" nos textos do judaísmo e reavivado com a fundação do Estado de Israel em 1948, pode ser comparada ao mesmo processo.[15]

A paleontologia reconstrói a história dos seres vivos estudando o substrato geológico em que seus fósseis foram gravados, enquanto a geologia reconstitui a história desses substratos pela análise dos fósseis. Da mesma forma, a linguística histórica estuda a história das línguas por meio dos textos que elas produziram e fornece subsídios para que a filologia reconstrua a história dos textos por meio do conhecimento da evolução das línguas.

EM BUSCA DAS LARINGAIS PERDIDAS

Um dos maiores feitos da ciência do século XIX foi a reconstrução do indo-europeu, língua morta e não documentada, a partir da comparação entre línguas documentadas cujo parentesco se tornara evidente. Num primeiro momento, o sistema consonantal do sânscrito e o sistema vocálico do grego formaram uma boa base para a reconstrução do indo-europeu, já que o sânscrito havia transformado bastante as vogais (que convergiram quase todas para *a*), mas conservara bem as consoantes, assim como o grego transformou muito suas consoantes, mas manteve praticamente intactas as vogais.

Juntaram-se a essas duas línguas as evidências do latim, do gótico (e de outras línguas germânicas antigas, cuja comparação permitiu também a reconstrução do protogermânico), do eslavônico ou eslavo eclesiástico (o mais antigo registro de uma língua eslava), do avéstico (antigo persa) e, posteriormente, de outras línguas aparentadas cujos registros foram sendo descobertos, como o tocário, falado nas estepes asiáticas, e o hitita, falado na Anatólia (região onde se localiza atualmente a Turquia).

Mas essa reconstrução, por mais prodigiosa que tenha sido, deixou algumas lacunas que permanecem até hoje não totalmente preenchidas. Uma delas era a existência de um misterioso fonema (ou fonemas, pois poderia ser mais de um) na língua-mãe, não atestado diretamente em nenhuma língua-filha, mas cuja fantasmagórica presença deixara anomalias no comportamento dessas línguas.

Em primeiro lugar, o grego e o hitita apresentavam muitas vezes uma vogal inicial onde as demais línguas indo-europeias não tinham vogal alguma. Por exemplo, compare-se o grego *érythros* com o latim *ruber* ou o alemão *rot*, palavras para "vermelho". Esse fonema não deveria ser originalmente uma vogal plena, ou não se teria perdido na maioria das línguas, mas sim um som fugidio, com características meio vocálicas, meio consonantais. O fato de, em grego, essa vogal inicial ser às vezes *e*, às vezes *a* ou *o*, parecia indicar a possibilidade de haver até três diferentes fonemas nessa posição.

Em segundo lugar, sabia-se que todo *a* breve do indo-europeu resultava em *a* na maioria das línguas-filhas. Mas havia certos casos em que ao *a* das demais línguas, o sânscrito respondia com *i*, como, por exemplo, na palavra para "pai": grego *patér*, latim *pater*, gótico *fadar*, antigo irlandês *athir*, mas sânscrito *pitá*. Isso indicava que o fonema que evoluía para *i* em sânscrito e para *a* nas demais línguas não era o mesmo que produzia *a* em todas as línguas, inclusive no sânscrito (como, por exemplo, em *ájras*, "campo", a par do grego *agrós*, do latim *ager* e do alemão *Acker*).

Em terceiro lugar, sabia-se que em indo-europeu havia um fenômeno fonético com implicações gramaticais chamado apofonia (ou *Ablaut*), que consiste na variação do timbre vocálico dentro de um radical. Esse fenômeno é muito visível em línguas como o grego (*légo*, "digo"; *lógos*, "fala, discurso") e o inglês (*sing*, "canto, cantar"; *sang*, "cantei, cantou"; *sung*, "cantado"). Assim, dada uma palavra cuja forma básica (ou grau pleno, como é chamado) tem a vogal *e* (por exemplo, a raiz indo-europeia **ped-*, "pé", que deu o latim *pedis*), havia dois outros graus, o grau-*o* – cuja vogal é obviamente *o* (do indo-europeu **pod-* saiu o grego *podós*) – e o grau zero (sem vogal alguma, como no sânscrito *-pd-*). Além disso, a vogal dos graus pleno e *o* podia ser breve ou longa.

Sobretudo nos verbos, essa sequência apofônica *e-o*-zero era bastante evidente, já que correspondia aos tempos presente, pretérito e particípio. (A sequência inglesa *sing-sang-sung* é remanescente da indo-europeia.) Só que, ao lado desses verbos "regulares", havia outros cuja apofonia era *a-o-a* ou ainda *o-o-a*.

Havia ainda um problema adicional: em sânscrito existiam duas séries de verbos, chamadas *anit* e *set*. Nos verbos da série *set*, surgia um *i* após o radical se a seguir viesse uma desinência iniciada por consoante. Assim, dados os verbos *srávati*, "escorrer", e *bhávati*, "ser", tínhamos os futuros *srosyáti*, "escorrerá", e *bhavisyáti*, "será", o que indicava a presença, nos verbos da série *set*, do mesmo fonema (ou fonemas) fugaz já mencionado.

Por último, havia verbos que, nos graus pleno e *o*, apresentavam vogal longa e, no grau zero, apresentavam uma vogal breve, que era sempre *a* na maioria das línguas-filhas, mas podia ser *e*, *a* ou *o* em grego e era sempre *i* em sânscrito.

Todas essas evidências formavam um complicado quebra-cabeças que exigia uma solução criativa. Foi então que, em 1879, o jovem Ferdinand de Saussure, com apenas 21 anos de idade, publicou um trabalho intitulado *Mémoire sur le système primitif des voyelles dans les langues indo-européennes* (Notícia sobre o sistema primitivo das vogais nas línguas indo-europeias), em que reexaminou o sistema de apofonias em sânscrito, grego e latim, postulando a existência de dois coeficientes sonânticos, *A e *O (atualmente denominados $*h_2$ e $*h_3$). Mais tarde, propôs-se um terceiro coeficiente *E (atualmente $*h_1$).

Num primeiro momento, a teoria de Saussure não recebeu muita atenção. Todavia, com a descoberta e subsequente decifração do hitita no início do século XX, o linguista polonês Jerzy Kurylowicz mostrou que o fonema *h* dessa língua ocorria exatamente nas posições em que Saussure previra a ocorrência de *A. Outro linguista, o dinamarquês Hermann Möller, sustentou que esses coeficientes seriam consoantes e não vogais e que sua articulação se daria na região mais posterior do aparelho fonador, daí chamá-los de *laringais* ou *laríngeos*.

Ao longo de praticamente todo o século XIX, não se suspeitou desses fonemas nem se viu necessidade de supor sua existência. Foi justamente a descoberta do hitita e de algumas outras línguas da Anatólia, como o luvita, registradas em inscrições cuneiformes, que trouxe o problema à tona, pois essas eram as únicas descendentes do indo-europeu a conservar sons laríngeos (ou pelo menos as únicas a conservar registro de tais sons na escrita).

O fato é que admitir a existência de tais fonemas simplificava bastante as explicações sobre as mudanças vocálicas do indo-europeu e sua evolução histórica.

A teoria das laringais

Em princípio, seriam três os fonemas laringais (segundo o americano Winfred Lehmann, seriam quatro): $*h_1$, a laringal "neutra"; $*h_2$, que teria a capacidade de "colorir" a vogal adjacente com o timbre de *a*; e $*h_3$, que coloriria com timbre de *o*.

Essa ideia de que uma consoante articulada na região mais posterior da cavidade bucal (na laringe ou faringe) pode mudar o "colorido" de uma vogal, transformando-a em outra, é familiar às línguas semíticas, como o hebraico e o árabe. A existência de consoantes desse tipo tanto nessas línguas quanto no indo-europeu reforçaria, por sinal, a tese de uma ancestralidade comum para o protoindo-europeu e o protossemítico.

Como resultado, deduz-se que, nos radicais verbais indo-europeus, a vogal básica do presente é *e*, a do pretérito é *o* e a do particípio é "zero" (ou seja, não há vogal). Se o radical não contém laringal alguma, a série *e-o*-zero permanece inalterada. Se contém $*h_1$, temos a série *e-o-a*; a presença de $*h_2$ explicaria a série *a-o-a*, e a de $*h_3$, a série *o-o-a*. A presença das laringais também explica por que algumas vogais são longas no grau pleno, por que algumas consoantes se vocalizam em certos casos, além de solucionar uma série de outros problemas. Por tudo isso, pode-se dizer que é uma teoria bastante consistente e aceita quase sem restrições pelos indo-europeístas. Isso não quer dizer que seja uma teoria pronta e acabada: ainda há dúvidas se $*h_1$ é uma única consoante ou são duas, bem como até hoje não se sabe exatamente como soavam essas laringais. De todo modo, não deixa de ser admirável a genialidade do jovem Saussure ao ter descoberto precocemente a solução de um problema que ainda nem existia.

A linguística entre as ciências

LINGUÍSTICA: CIÊNCIA EXATA?

As ciências naturais costumam ser consideradas "exatas" porque, em geral, os fenômenos da natureza obedecem a leis bem precisas, que podem ser descritas matematicamente e permitem fazer previsões sobre acontecimentos futuros ou hipotéticos. Já as ciências humanas têm a fama de estudar fenômenos que, pela sua própria natureza, fogem à regularidade. É possível prever com exatidão a posição em que uma sonda espacial lançada hoje estará daqui a um ou dez anos, mas não é possível prever com o mesmo grau de acerto quem será o próximo presidente da república ou qual será a taxa de inflação do próximo ano.

Por isso, as ciências humanas costumam ser vistas pelos admiradores das ciências naturais com certo desprezo, chegando alguns a pôr em dúvida se elas são realmente ciências. Embora haja forte dose de exagero e preconceito nessa avaliação, é verdade que as criações humanas em geral não têm o mesmo grau de perfeição e regularidade das criações da natureza. No entanto, existe uma criação humana que tem uma lógica e uma regularidade tais que permitem até a sua descrição em termos matemáticos: são as línguas.

De fato, talvez por ser a aptidão linguística do homem fruto de um instinto biológico, isto é, resultado de uma programação genética, a linguagem humana tem uma estrutura bastante complexa e exata (ainda que a nossa impressão ao estudar a gramática de qualquer idioma, particularmente o nosso, seja a de um completo caos!). Na verdade, todos os fenômenos linguísticos, desde a combinação de fonemas para formar sílabas e morfemas, passando pela combinação dos morfemas para formar palavras, até a combinação destas para formar frases e textos, obedecem a regras bem precisas e absolutamente previsíveis. Até mesmo as exceções, que parecem existir apenas para complicar a nossa vida, podem ser explicadas de forma determinística. Vou explicar tomando um exemplo das ciências exatas.

Nós aprendemos no colégio que as órbitas dos planetas são perfeitamente elípticas, já que são governadas pelas leis da mecânica celeste (as famosas leis de Kepler e de Newton). No entanto, se observarmos atentamente a órbita dos planetas, veremos que em certos trechos de suas órbitas eles parecem se desviar um pouco da trajetória que seria esperada. Toda vez que um astrônomo percebe esse fenômeno, ele tem fortes razões para acreditar que o desvio esteja sendo provocado pela presença de algum corpo celeste cuja massa exerce atração gravitacional sobre o astro cuja trajetória apresenta irregularidade. Foi assim que, no século XIX, observando irregularidades nas órbitas de Urano e Netuno, os astrônomos Le Verrier e Pickering, dentre outros, previram a existência de um novo planeta (hoje planetoide), batizado de Plutão, que somente seria observado em 1930. Assim, a aparente irregularidade nas órbitas dos planetas pôde ser explicada pelas mesmas leis que deveriam determinar sua regularidade.

No caso das línguas, quase sempre uma irregularidade se explica por força de alguma analogia. Por exemplo, um verbo pode apresentar uma conjugação irregular por analogia com outro verbo, com o qual tenha similaridade de significado. É o caso do português *impeço*, proveniente do latim *impedio*, por analogia com *peço*, do latim, *petio*, com o qual não tem nenhuma relação etimológica. Outras vezes, a irregularidade é fruto da evolução fonética, que é sempre regular, isto é, os mesmos sons sofrem as mesmas modificações nos mesmos contextos. Por que o verbo *dizer* se conjuga *digo/dizes/diz* e não *dizo/dizes/diz*, como seria mais lógico à primeira vista? Porque, entre duas vogais, o *c* do latim evoluiu para o português como *g* se a vogal seguinte era *a*, *o* ou *u* e como *z* se a vogal seguinte era *e* ou *i*. A razão disso é puramente articulatória: *e* e *i* são vogais palatais, que obrigavam o *c* latino a ser pronunciado "mais para frente". Assim, o *c* do verbo latino *dicere*, "dizer", manteve a pronúncia original /k/ diante de *o*, e por isso *dico* (pronunciado *diko*) evoluiu para *digo* em português. Já diante de *e* e *i*, esse mesmo *c* teve sua pronúncia progressivamente palatalizada para /ky/, /ty/, /tch/, /ts/, e posteriormente sonorizada para /dz/ e /z/. Foi assim que *dicis* e *dicere* se tornaram *dizes* e *dizer*.

Em outros casos, o português regularizou por analogia formas que em latim eram irregulares. Em latim, o particípio de *coquere*, "cozer", era *coctum*, que em português medieval deu *couto*. O português moderno substituiu *couto* por *cozido*, forma regular, por analogia com *comer/comido*, *beber/bebido* etc.

Como se pode ver, o aparente caos da gramática esconde uma lógica interna que, assim como o movimento dos planetas, obedece a leis bem determinadas. É claro que essas leis não são evidentes a quem não é estudioso da língua, assim como a lógica do movimento planetário não é evidente a quem não é astrônomo. No entanto, o estudo científico da linguagem, tarefa da linguística, nos revela que as línguas são sempre construções dotadas de lógica (embora não necessariamente a lógica com que estamos acostumados). Na verdade, cada língua possui sua própria lógica interna, e essa lógica varia de língua para língua, o que, por sinal, garante a riqueza de visões de mundo que as inúmeras línguas humanas proporcionam. A possibilidade de descrever o comportamento das línguas por meio de teorias que utilizam a matemática como metalinguagem é o que permite até mesmo a análise de enunciados e textos por programas de computador e, mais ainda, possibilita dotar os computadores da capacidade de compreender e produzir enunciados, isto é, de codificar e decodificar mensagens, a chamada *inteligência artificial*.

É por ser capaz de tratar seu objeto de estudo com tanta exatidão que a linguística já foi considerada por alguns uma ciência exata. É claro que ela faz parte das ciências humanas porque as línguas são criações humanas, embora, como dissemos, a aptidão para a linguagem seja de índole natural.

DE LINGUAGEM, PLANETAS E EMPRESAS

O que as línguas, os sistemas planetários e as instituições têm em comum? Aparentemente nada, certo? No entanto, existe um princípio de organização que se encontra em toda a natureza – nos átomos, células, sociedades, galáxias – e também na língua. Trata-se do princípio da hierarquia. No Universo, todas as coisas se organizam hierarquicamente. Satélites giram em torno de planetas, que giram em torno de estrelas, formando sistemas solares, que giram em torno de buracos negros, formando galáxias. Elétrons giram em volta do núcleo atômico, células têm núcleo e citoplasma, cidades, estados e civilizações têm centro e periferia, países têm capital e interior (este também formado de capitais regionais), e assim por diante.

Esse princípio – algo está ligado a algo, que está ligado a algo – é o que chamamos de estrutura. A maioria das estruturas que existem apresenta dois tipos de relações entre suas partes (isto é, dois tipos de ligações): horizontais, que se estabelecem entre elementos de mesma função ou importância na estrutura, e verticais, em que um elemento menos importante depende de outro, mais importante.

Assim, podemos ter vários planetas gravitando em torno de uma estrela. Esses planetas se equivalem em importância (o sistema poderia ter mais ou menos planetas, sem que isso alterasse o funcionamento do sistema), mas, sem a estrela em torno da qual orbitam, os planetas se perderiam no espaço.

Igualmente, numa empresa há vários profissionais trabalhando num só setor e exercendo as mesmas funções. Estão coordenados entre si e subordinados a um superior. Esses superiores (chefes de seção, por exemplo) se reportam a líderes (diretores), que respondem ao presidente da empresa. Tal hierarquia funcional é visível no organograma da instituição.

Portanto, estruturas implicam hierarquia, e esta é um conjunto de relações de coordenação e subordinação entre as partes constituintes da estrutura. A essa altura você já deve ter-se lembrado das orações coordenadas e subordinadas da análise sintática, não é? Pois saiba que esse princípio se aplica a todos os níveis da linguagem, das sílabas aos textos.

Todo enunciado linguístico (palavra, sintagma, oração, frase, parágrafo, texto) compõe-se de uma estrutura do tipo *base + adjunto*. Cada estrutura *base + adjunto* pode, por sua vez, constituir uma nova base capaz de receber novos adjuntos (que, por sinal, podem ter uma estrutura *base + adjunto*). Na nossa analogia planetária, a Terra funciona como base para seus satélites (Lua e satélites artificiais), que são seus adjuntos. Esse complexo *Terra + satélites*, ao lado dos demais planetas e suas luas, atua como adjunto em relação ao Sol, e assim sucessivamente.

Em português, toda sílaba tem uma estrutura do tipo $C_1C_2VC_3C_4$, o que significa que, no centro da sílaba, sempre deve existir uma vogal (V). Sem vogal, não há sílaba em português. (Mesmo línguas como o sânscrito e o tcheco, que admitem consoante no centro da sílaba, atribuem a ela papel vocálico.) Antes e depois da vogal, podemos ter ou não consoantes ou semivogais. Além disso, em cada uma das casas C_1, C_2, C_3 e C_4, só certos tipos de consoantes ou semivogais podem ocorrer, com exclusão das demais. Por exemplo, na sílaba *trans* (de *transnacional*), temos uma estrutura do tipo:

C_1	C_2	V	C_3	C_4
t	r	a	n	s

As combinações *rtasn* ou *tsrna* seriam impossíveis em português, o que reafirma a estrutura hierárquica da sílaba.

Mas também as palavras obedecem a essa organização estrutural. Na palavra *transnacional*, reconhecemos um prefixo *trans-*, um radical *nacion-* (isto é, "nação") e um sufixo *-al*. O centro da palavra é o radical, que, por sinal, é o suporte do significado. Já os afixos *trans-* e *-al* exercem apenas a função gramatical de produzir uma palavra derivada.

Portanto, o radical é a base, e os afixos e desinências, os adjuntos. Numa palavra composta, em que há dois radicais, temos duas possibilidades: ou um funciona como adjunto do outro, como em *azul-claro*, em que *claro* é o adjunto e *azul*, a base, ou ambos os radicais são coordenados, como em *social-democrata*.

Se "desconstruirmos" uma palavra, eliminando os adjuntos até chegar ao seu núcleo (isto é, fazendo o processo inverso da criação da palavra por derivação), compreenderemos melhor como é a hierarquia entre a base e os adjuntos.

Tomemos a palavra *intransitividade*: primeiro a decompomos em *intransitivo* + *-dade*, a seguir *intransitivo* em *in-* + *transitivo*, este em *transir* + *-tivo*. Finalmente, *transir* se decompõe em *trans-* + *ir* (este último, o verbo *ir*, é o radical da palavra).

Sintagmas também têm uma base e adjuntos. Mas, como o leitor não deve estar familiarizado com esse termo, vamos primeiro explicar que sintagma é uma sequência de palavras que têm uma palavra principal (ou palavra-núcleo), em geral um substantivo ou um verbo, à qual se agregam palavras secundárias (ou adjuntos). A característica básica do sintagma é que ele é uma unidade capaz de exercer função sintática (sujeito, objeto direto, objeto indireto, agente da passiva etc.) dentro da oração.

Em *minha camisa verde e nova*, o núcleo do sintagma é *camisa*. Subordinado a ele, estão os adjuntos adnominais *minha*, *verde* e *nova*, os dois últimos coordenados entre si.

Na oração, os sintagmas igualmente se organizam hierarquicamente. Os sintagmas nominais (sujeito, objeto direto etc.) subordinam-se ao sintagma verbal, ao passo que os adjuntos adnominais se subordinam aos sintagmas nominais, e os adjuntos adverbiais ao verbal. É por isso que as orações têm termos essenciais (os núcleos dos sintagmas) e acessórios (os adjuntos). E é por isso que não existe oração sem verbo.

Mas as orações se combinam para formar períodos compostos por coordenação ou subordinação. E agora você já deve ter entendido por que essas orações têm esses nomes. As orações coordenadas são autônomas entre si, enquanto as subordinadas dependem de uma oração principal. Sem a principal, não há subordinadas, e estas não podem constituir períodos sozinhas.

Como já sabemos, os períodos se unem em parágrafos. Aprendemos nas aulas de redação que parágrafos se dividem em tópico frasal e desenvolvimento. Ora, o tópico frasal é a frase mais importante do parágrafo, a que resume seu conteúdo. Sem tópico não há desenvolvimento. E dentro deste temos frases que desenvolvem diretamente o tópico frasal (as chamadas frases principais do desenvolvimento) e as que complementam as principais (frases secundárias), desenvolvendo o tópico frasal indiretamente. Tudo de maneira hierárquica.

Finalmente, um texto é o desenvolvimento em parágrafos de um tema predefinido. O tema, apresentado na introdução do texto, é desenvolvido em partes, capítulos, subcapítulos, itens, subitens, todos eles organizados hierarquicamente e formados de parágrafos.

Princípio universal

Na língua, todos os elementos se organizam em relações estruturais. A sintaxe – que em grego significa "ordenação" – se constitui de dois processos: a ordenação horizontal (isto é, coordenação), em que há ausência de hierarquia; e a ordenação vertical (subordinação), que estabelece uma hierarquia entre os elementos linguísticos.

Há sintaxe (e, portanto, coordenação e subordinação) em todos os níveis da linguagem, pois dois elementos linguísticos só podem acoplar-se de duas maneiras: horizontal ou verticalmente. Essa regra vale para os átomos, moléculas, células, galáxias, cargos de uma empresa e para a linguagem. Nesta, tal regra comanda a formação de sílabas, palavras, orações, frases, parágrafos e textos. Trata-se de um princípio geral da linguagem, que tem a ver com a própria maneira como a mente pensa. E, evidentemente, tem a ver com a maneira como a natureza funciona.

PROPRIEDADES EMERGENTES

A língua é um exemplo daquilo que a ciência moderna chama de sistema complexo. Assim como o Universo, o nosso planeta, a matéria, a vida, as sociedades (animais e humanas), a economia e a política, a linguagem apresenta certas propriedades que são descritas por uma área de pesquisa de ponta, que se desenvolveu sobretudo a partir da década de 1990, chamada teoria da complexidade.

Segundo essa teoria, um sistema é considerado complexo quando suas propriedades não são o resultado da mera adição das propriedades de seus constituintes isolados. Ou seja, é aquele em que o todo é maior do que a soma das partes.

Um sistema complexo é um conjunto de partes conectadas entre si e de regras de interação entre elas. Essas interações conduzem a um padrão de comportamento chamado propriedade emergente. Um exemplo clássico de propriedades emergentes é a água: quando dois átomos de hidrogênio se unem a um de oxigênio, surgem certas características típicas – líquida, incolor, inodora, insípida, solvente universal etc. – que não estavam presentes nem no hidrogênio nem no oxigênio. Outros exemplos relevantes são as ligas metálicas, que têm propriedades diferentes das dos metais que as compõem, e o cérebro humano, capaz de realizar muito mais coisas do que cada um dos seus neurônios isoladamente.

As línguas apresentam todas as características necessárias à configuração de um sistema complexo, dotado de propriedades emergentes. É um conjunto de partes interconectadas em vários níveis (é uma estrutura dotada de hierarquia, em que elementos se combinam segundo regras bem determinadas, isto é, a sintaxe do idioma), de tal modo que a combinação de elementos de um nível mais baixo (por exemplo, os fonemas) faz surgir propriedades inesperadas num nível mais alto (por exemplo, morfemas ou palavras).

Se na língua o todo fosse igual à soma das partes, o significado de uma palavra se reduziria ao significado do radical mais o significado de cada afixo, ou o sentido de uma frase seria a mera adição dos significados de suas palavras. Mas não é isso o que ocorre.

Por exemplo, a imensa maioria dos brasileiros pronuncia *tia* como /tchia/. Portanto, quando seguido de /i/, o /t/ soa como /tch/, isto é, se transforma em outro tipo de consoante. O /i/, por sua vez, pode soar como uma semivogal quando é átono e seguido de outra vogal (por exemplo, em *ócio*). Ambos os fonemas, /t/ e /i/, assumem características acústicas e funções diferentes quando se encontram em determinados contextos, os quais eles não tinham quando isolados. Isso é uma propriedade emergente dos fonemas.

Além disso, o /i/ pode desaparecer da pronúncia quando precedido de uma consoante palatal como /ch/ ou /j/. Por essa razão, muita gente pronuncia *colégio* e *religioso* como *coléjo* e *relijoso*. Isso implica que, se tivermos /t/ + /i/ átono + outra vogal, a pronúncia pode ser simplesmente /tch/: *antiatômico* soa por vezes como *antchatômico*.

A tendência a pronunciar como semivogal o /i/ seguido de vogal é mais forte no sul do país do que nas demais regiões. Por isso, os cidadãos da cidade de Butiá, no Rio Grande do Sul, costumam dizer que são de "Butchá". Esse modo inusitado de pronunciar (que me fez certa vez pedir a um gaúcho natural da cidade que soletrasse o nome dela, tal a minha dificuldade em entender a sua pronúncia) é mais uma propriedade emergente da fonética do português brasileiro.

Da mesma forma, se analisarmos a palavra *estratosférico* como resultado da justaposição dos radicais *estrato* (camada) e *esfera* e do sufixo *-ico*, teremos o seguinte resultado: *estratosférico* = referente à estratosfera; *estratosfera* = esfera de estratos (ou de camadas), camada esférica. Ora, a estratosfera não é apenas uma camada esférica (embora não deixe de sê-lo). Se não, poderíamos chamar de estratosfera qualquer camada esférica, como a casca de uma laranja, por exemplo. Só que estratosfera é, segundo os dicionários, a região da atmosfera situada a uma altitude de 5 a 100 quilômetros da superfície da Terra. Esse significado jamais seria dedutível a partir da simples análise dos morfemas da palavra. Ou seja, o significado de *estratosfera*, assim como o da maioria das palavras, é uma propriedade emergente da língua.

E quando alguém diz que a inflação atingiu níveis estratosféricos, está se referindo a essa região da atmosfera? É óbvio que não. Mais uma vez, o sentido metafórico de *estratosférico* como "extremamente elevado" emerge do contexto – econômico, no caso –, que nada tem a ver com o meteorológico de "balão estratosférico".

O efeito da emergência é mais visível em combinações de palavras que formam expressões já fixadas pelo uso. Nelas, o sentido da expressão não pode ser obtido apenas somando os significados das palavras. E não estou me referindo somente a expressões idiomáticas em que existem metáforas (*a vaca foi pro brejo* = "saiu tudo errado"), mas a combinações de palavras em que pelo menos uma delas apresenta significado inesperado. Por exemplo, *levar um tombo* (levar para onde?), *dar um passeio* (dar a quem?), *fortemente armado* (o armamento é forte?), e assim por diante. Os significados de *levar*, *dar* e *fortemente* nessas expressões (assim como o de *saiu* em *saiu tudo errado*) fogem de sua definição padrão nos dicionários e só funcionam em tais expressões.

Mesmo uma combinação inédita – e insólita – como *demitir o gerúndio*, cunhada pelo ex-governador do Distrito Federal José Roberto Arruda, produz um efeito de sentido imprevisível, embora compreensível pelo contexto. Aliás, todas as expressões idiomáticas, estereótipos e clichês do idioma nascem como combinações que produzem efeitos de sentido inesperados, isto é, emergentes.

O *QUANTUM* DA LÍNGUA

É muito comum entre os divulgadores da ciência o uso de metáforas extraídas do dia a dia para ilustrar situações que não conseguimos visualizar ou sobre as quais não temos nenhuma intuição, como é o caso de fenômenos subatômicos ou relativos a outras dimensões que não as três a que estamos acostumados. Até mesmo exemplos de língua e literatura costumam ser utilizados para falar de física, astronomia, genética etc. Mas o inverso também pode acontecer: fenômenos naturais podem igualmente servir de modelos à explicação de fatos linguísticos, embora essa prática seja menos usual, já que parte de um conhecimento não partilhado pela maioria das pessoas.

Não é incomum comparar línguas a espécies biológicas e explicar sua evolução à maneira darwiniana (eu mesmo fiz isso neste livro, na seção "O darwinismo da linguagem"), assim como é frequente descrever o funcionamento da língua fazendo analogia com sistemas físicos como máquinas, organismos e galáxias. Isso é possível porque, no fundo, a linguagem, como tudo mais, é um fenômeno da natureza. Em que pese a influência cultural (e termos desenvolvido cultura também decorre da biologia de nosso cérebro), a aptidão linguística é, ao que tudo indica, inata e de natureza biológica. Além disso, para desespero da maioria dos estudantes de letras, a estrutura das línguas é pura matemática.

Mas será que até a física quântica pode ser invocada para explicar fatos de linguagem? Como você já deve ter ouvido falar, essa teoria, que apresenta inúmeras comprovações sobretudo no âmbito das partículas elementares, propõe uma série de situações bizarras, paradoxais e estapafúrdias para o senso comum, como o fato de uma partícula estar e não estar em dado local ao mesmo tempo, ou a constatação de que o próprio ato de observar a realidade pode modificá-la.

Mas sua previsão teórica mais chocante é a de que estamos vivendo indefinidas vidas no plano quântico, e a cada instante temos um número ilimitado de destinos a seguir. Para não fugir à regra e lançar mão de uma metáfora, é como se estivéssemos caminhando por uma estrada e, a cada passo, deparássemos com inúmeras ramificações; assim que déssemos o primeiro passo em uma delas, novas ramificações se descortinariam, num processo contínuo.

Cada vez que uma dessas infinitas possibilidades se materializa (colapsa em realidade, como dizem os especialistas), um novo leque de possibilidades se abre, bem como todos os destinos alternativos deixam de existir. Eu poderia ter nascido mulher, ou não ter nascido, ter-me tornado engenheiro, casado com outra pessoa, ou então permanecido solteiro... Mas a minha vida é a sucessão de colapsos quânticos (escolhas ou circunstâncias) que me trouxeram até aqui. Exatamente como um texto.

Conforme Saussure nos ensinou, o discurso é uma sucessão linear de elementos (fonemas, morfemas, palavras) que ocupam, cada um, um lugar exclusivo nessa linha (do tempo, no caso da fala, ou da página, no da escrita), mas, para cada posição (ou sintagma, como se diz tecnicamente) ocupada, há uma enorme lista (ou paradigma) de elementos que poderiam ter sido escolhidos pelo falante ou redator, mas não o foram. Por exemplo, a frase *O professor de matemática está corrigindo as provas* poderia ser reformulada como *Meu professor de história está elaborando as provas* ou *Nossa professora de português está lendo a apostila* ou ainda *Meu gato de estimação está comendo a ração*. Toda vez que preencho uma casa vazia dessa estrutura sintática com uma palavra, excluo todas as outras que poderiam ter entrado nesse lugar; ao mesmo tempo, determino quais palavras podem ou não suceder à escolhida. Se começo a frase com o artigo masculino, necessariamente o substantivo a seguir deverá ser pinçado do paradigma dos masculinos, e todos os substantivos femininos ficam excluídos da minha seleção. Se o sujeito escolhido foi *meu gato de estimação*, o predicado *está lendo a apostila* torna-se inviável (exceto se minha intenção for produzir riso por meio do nonsense).

Enquanto discursamos, estamos a todo instante fazendo escolhas: voz ativa ou passiva, discurso direto ou indireto, artigo definido ou indefinido, coordenação ou subordinação? Na fala, essas escolhas são instantâneas (levamos no máximo algumas frações de segundo pensando antes de falar), e é por isso que palavra dita não volta atrás (essa é a causa de muitos lapsos, gafes e mal-entendidos, além dos erros gramaticais involuntários que cometemos). Na escrita, temos tempo para pensar antes de registrar no papel ou na tela do computador as nossas escolhas, mas, mesmo assim, cada opção feita conduz o texto a um destino diferente e cancela todos os outros (infinitos) textos que poderíamos ter criado naquele momento e que nunca conhecerão a luz da existência.

Pense em todas as histórias que Machado de Assis poderia ter inventado, todas as ironias que poderia ter feito, todas as metáforas que poderia ter empregado, mas nunca o fez (ou fez, mas jogou no lixo os rascunhos). Ou em todos os outros desfechos que poderia ter dado às suas tramas. Pense em todos os poemas que Drummond poderia ter concebido, talvez até mais belos do que os que publicou! Como ele próprio disse, em "Procura da poesia", "Penetra surdamente no reino das palavras. / Lá estão os poemas que esperam ser escritos. [...] Ei-los sós e mudos, em estado de dicionário. / Convive com teus poemas, antes de escrevê-los. [...] Espera que cada um se realize e consume

[...] Não forces o poema a desprender-se do limbo. / Não colhas no chão o poema que se perdeu. [...] Chega mais perto e contempla as palavras. / Cada uma / tem mil faces secretas sob a face neutra / e te pergunta, sem interesse pela resposta, / pobre ou terrível, que lhe deres: / Trouxeste a chave?".

Quanta poesia adormecida há no universo quântico!

Notas

[1] A hipótese mais fortemente considerada atualmente é que o berço do indo-europeu seja a região do Cáucaso, aproximadamente onde hoje se localiza a Armênia.
[2] Em linguística, o asterisco antes de uma forma indica que esta nunca foi documentada e, portanto, é produto de reconstrução.
[3] Confira o ensaio "Em busca das laringais perdidas", mais adiante.
[4] Por sinal, a linguística histórica é também chamada de paleontologia linguística.
[5] Falamos mais detalhadamente sobre isso em "Como pensamos a realidade".
[6] Sobre a conceituação de núon, ver a seção "Como pensamos a realidade".
[7] Uma boa sugestão de leitura aqui é o texto "Linguagem, conhecimento e cultura", de Adam Schaff.
[8] Essa afirmação não leva em conta, evidentemente, as minorias linguísticas existentes em nosso país, como indígenas que não falam português ou comunidades de imigrantes (alemães, italianos etc.) e seus descendentes, que ainda usam cotidianamente seus idiomas maternos.
[9] Consta que Weinreich teria ouvido essa afirmação de um espectador durante a apresentação de uma conferência no YIVO (Instituto Científico Iídiche) em janeiro de 1945.
[10] A língua costuma ser analisada cientificamente em três níveis: o *sistema*, que é o mesmo para todos os falantes da comunidade linguística; as *normas*, que são conjuntos de hábitos comuns a determinados grupos (sociais, profissionais, etários etc.) dentro da comunidade; e os *atos de fala* (ou de escrita), que são característicos de cada indivíduo e têm uma data e local de produção bem definidos. Somente os atos de fala são concretos, palpáveis e documentáveis; os outros dois níveis são abstrações que se fazem a partir da análise dos atos de fala.
[11] Daniel L. Everett, no livro *Linguagem: a história da maior invenção da humanidade*, contesta o caráter genético da aptidão linguística, sustentando que o dom da fala é uma habilidade aprendida.
[12] Sobre a importância das metáforas na criação de novas palavras e na evolução do pensamento, veja a seção "Sob o jugo da metáfora", mais adiante.
[13] Sobre a teoria dos memes, leia *O gene egoísta*, de Richard Dawkins.
[14] O preconceito contra a fala de certos grupos (regionais, culturais, sociais), bem como tudo que é estranho ("estrangeiro") ao grupo dominante, não deixa de ser uma forma de seleção cultural, uma competição em que o mais forte (dominante) vence o mais fraco (excluído) e impõe a sua "genética" (isto é, o seu linguajar).
[15] O hebraico já era uma língua morta na época de Jesus, em que os judeus falavam aramaico, língua descendente do hebraico. Durante séculos, o hebraico se manteve apenas como idioma litúrgico do judaísmo (do mesmo modo que o latim em relação ao catolicismo). Nesse período, os judeus espalhados pelo mundo falavam o idioma de seus países de adoção, além de línguas veiculares como o iídiche, uma espécie de dialeto alemão, e o ladino, espécie de dialeto espanhol.

PARTE II

A MECÂNICA DA LÍNGUA

As categorias da língua

COMO NASCEM OS SOTAQUES?

Você já deve ter notado que o aspecto mais difícil de aprender numa língua estrangeira é também o mais perceptível de todos: a sua pronúncia. Um estrangeiro que viva há muitos anos no Brasil pode falar português fluentemente, exibir uma correção gramatical de dar inveja aos brasileiros mais cultos e, mesmo assim, conservar, ainda que levemente, uma pronúncia que denuncia sua origem: é o famoso sotaque.

Mas por que é tão difícil perder o acento nativo quando se fala outro idioma? Por que é mais fácil dominar o léxico e a gramática de uma língua do que sua fonética?

Segundo as teorias científicas mais recentes, a aptidão para a linguagem é inata. A criança nasce com seu repertório linguístico "zerado" em termos de vocabulário, sintaxe e pronúncia, mas traz do berço módulos cerebrais que lhe permitem preencher esses vazios. Portanto, todos nós temos uma "língua do pensamento" que já vem pré-instalada "de fábrica", como o sistema operacional dos computadores. Depois, com o aprendizado, vamos instalando outros *softwares* e gravando novos arquivos na mente.

Com a pronúncia não é diferente. Graças aos chamados neurônios-espelho, a criança é capaz de imitar com progressiva precisão os sons vocais emitidos pelos adultos à sua volta. Isso significa que ela sabe em que posição e lugar deve manter a língua para realizar um determinado som apenas observando os adultos, sem que ninguém precise lhe explicar – nem seria possível, obviamente. Além disso, a criança que aprende a falar é capaz de reconhecer e distinguir nuances mínimas dos sons, a ponto de perceber quais variações são funcionais para a distinção do significado e quais não. Ou seja, crianças em fase pré-linguística são foneticistas natas.

O problema é que, depois que aprendemos nossa primeira língua, as oposições funcionais entre os sons ficam cristalizadas em nossa mente, talvez até para evitar que as confundamos ao falar, mas isso com frequência nos causa embaraço quando temos de aprender novas oposições, o que ocorre quando estamos adquirindo um novo idioma. Por isso, tendemos a substituir, consciente ou inconscientemente, um som estranho por outro mais familiar, isto é, um som estrangeiro por um nativo. Isso é ainda mais frequente quando estão em jogo duas línguas próximas, como o português e o espanhol.

Antes de tudo, quando aprendemos nossa primeira língua, ou língua materna, estamos ao mesmo tempo aprendendo a nos relacionar com o mundo. Nossa língua é nossa realidade, é por meio dela que pensamos e conhecemos a vida ao nosso redor. Já quando aprendemos uma segunda língua, em geral o fazemos por razões culturais ou profissionais.

Mesmo que disso dependa nossa sobrevivência num país estrangeiro, somos capazes de viver e pensar ainda que não dominemos completamente esse novo instrumento de comunicação.

É por isso que crianças que aprendem dois idiomas simultaneamente na mais tenra infância tornam-se perfeitamente bilíngues, sendo capazes de falar fluentemente, sem sotaques ou interferências de qualquer tipo, ambas as línguas e, mais ainda, capazes de pensar em qualquer uma delas.

Mas o fato é que uma língua é um conjunto de hábitos arraigados. No caso do vocabulário e da gramática, trata-se de hábitos mentais, mas em relação à fonética esses hábitos são essencialmente articulatórios, portanto dependentes de uma habilidade motora. Ora, é mais fácil treinar neurônios do que músculos, o que explica por que é mais fácil aprender novas palavras ou construções do que novas maneiras de posicionar ao mesmo tempo a língua, os lábios e os dentes.

Some-se a isso o fato de que uma nova palavra é uma unidade de sentido, mas, ao mesmo tempo, uma pluralidade de sons. Se tenho de pronunciar rapidamente uma ou mais palavras estrangeiras, como numa frase, tenho de pensar na posição dos meus órgãos fonadores para cada um dos fonemas que se sucedem. E tenho de fazer isso a uma grande velocidade. O processamento simultâneo de todas essas informações requer uma coordenação motora extrema. É como aprender a tocar violão: levamos um tempo enorme para conseguir posicionar todos os dedos nas cordas certas e assim fazer um acorde; no entanto, mal conseguimos isso, já temos de passar ao acorde seguinte no ritmo da música. Esse processo só se torna eficiente com o treino e a automatização dos movimentos, até o ponto de fazermos isso mecanicamente, sem pensar.

Por sinal, a fonética é a parte mais mecânica e menos criativa da língua, a que exige menos esforço mental. Enquanto as regras sintáticas se contam às centenas, e as palavras, aos milhares, os sons fonéticos raramente passam de 40. Por ser mecânica e pouco criativa, a fonética sempre fica em segundo plano quando se trata de falar uma língua estrangeira. Estamos mais preocupados em nos fazer entender do que em pronunciar os sons estrangeiros com perfeição, o que parece ter importância mais estética do que funcional.

Essa dificuldade de incorporar hábitos articulatórios estranhos aos nossos não afeta apenas a capacidade de falar línguas estrangeiras, mas até os acentos regionais de uma mesma língua são difíceis de imitar. É por isso que poucos atores de televisão conseguem produzir um sotaque caipira ou nordestino verossímil e convincente.

Além disso, a habilidade de reproduzir sons estrangeiros varia de pessoa a pessoa conforme certas aptidões inatas. Por isso se diz que determinado indivíduo tem melhor ou pior "ouvido" para línguas. Assim como há um "ouvido" musical (na verdade, a chamada inteligência musical de que fala Howard Gardner), que faz algumas pessoas serem mais afinadas do que outras, há uma espécie de inteligência fonética, parte da mais geral inteligência linguística. Por essa razão, embora qualquer um seja capaz de aprender novos idiomas, uns aprendem com mais facilidade do que outros, e alguns são capazes de passar a vida inteira num país estrangeiro e, ainda assim, conservar seu sotaque nativo.

Chega a ser hilário – embora aconteça com frequência – o fato de algumas pessoas nunca conseguirem pronunciar perfeitamente a língua de adoção e ainda acabarem falando com sotaque a própria língua nativa, numa espécie de meio-termo entre as duas, o que lembra aquela anedota em que o cidadão foi morar fora, não só não aprendeu a nova língua como ainda esqueceu a antiga. Conclusão: voltou para casa mudo.

O GÊNERO DA NATUREZA

O gênero é, ao lado do número, uma das categorias gramaticais mais próximas da universalidade. Tanto que a maioria das línguas a tem. Mas se o número pode, de algum modo, expressar uma propriedade física objetiva (a quantidade), o gênero só faria sentido se estivesse relacionado apenas a seres sexuados. Daí a associação, muitas vezes errônea, que se faz entre gênero gramatical e sexo.

Afinal, seres animados do sexo masculino, em especial humanos, costumam ser designados por substantivos masculinos e seres animados do sexo feminino, por substantivos femininos. Há contraexemplos que conturbam essa aparente lógica: em alemão, por exemplo, a palavra *Mädchen*, "moça, menina", é do gênero neutro.

Então, por que a maior parte das línguas têm gêneros? É verdade que há línguas, como o húngaro, o finlandês, o japonês e o malgaxe, que não têm, e isso aparentemente não lhes faz falta. Diante disso, qual a utilidade prática da classificação dos seres em categorias como masculino, feminino e neutro?

A origem dos gêneros gramaticais remonta a tempos imemoriais e a línguas pré-históricas das quais não temos registro. Talvez as primeiras línguas, logo que o *Homo sapiens* começou a falar de modo articulado, já apresentassem tal categorização. Só o que sabemos é que as línguas atuais com gêneros os herdaram de suas ancestrais. Não dá para saber se línguas modernas sem gêneros derivam de outras que também não os tinham ou se essa distinção se perdeu em algum momento de sua evolução.

Estamos tão acostumados a associar gênero e sexo que até mesmo os termos gramaticais *masculino* e *feminino* remetem aos conceitos de macho e fêmea (respectivamente, *mas* e *femina* em latim). Mas há uma diferença crucial entre o gênero gramatical e o natural ou semântico, este ligado à sexualidade do objeto. Pode-se comprovar o fato observando que diferentes línguas comportam diferentes sistemas de gêneros, das que não têm, passando pelas que têm dois (português) ou três (inglês), até quatro gêneros, como o sueco.

Em português, temos os gêneros masculino e feminino. Portanto, os substantivos de nossa língua pertencem a um ou outro desses gêneros e são substituídos pelos pronomes pessoais *ele* ou *ela* (o uso do pronome *isso* em alguns casos revela reminiscências de um antigo gênero neutro, mas *isso* não é pronome pessoal) e, principalmente, precedidos dos artigos definidos *o* ou *a*. Como resultado, seres inanimados como *lápis* e *caneta* são tratados linguisticamente como se tivessem sexo, e seres animados como *águia* e *testemunha*, como se não tivessem. O gênero natural está ligado a dicotomias semânticas como animado/inanimado, sexuado/assexuado, macho/fêmea e espécime/espécie. Trata-se de uma classificação fundada nos aspectos físicos e biológicos dos seres. Desse ponto de vista, os gêneros naturais são cinco:

- **Masculino** (seres animados do sexo masculino) – pai, menino, Joãozinho (*O meu cachorro se chama Toby*);
- **Feminino** (seres animados do sexo feminino) – mãe, menina, Mariazinha (*A minha cadela se chama Viki*);
- **Neutro** (nem masculino nem feminino, para seres inanimados e abstratos) – caderno, felicidade (*A ração dos cachorros acabou*);
- **Sobrecomum** (masculino ou feminino, para seres animados cujo sexo não está determinado) – criança, testemunha, vítima (*O animal que vi estava ferido*);
- **Complexo** (masculino e feminino, para coletivo de seres animados de ambos os sexos): ser humano, humanidade (*O cão é um animal mamífero*).

Algumas línguas adotam um sistema de gêneros dito "natural", fazendo corresponder ao masculino e feminino semânticos o masculino e feminino gramaticais, e atribuindo aos demais gêneros semânticos o neutro gramatical. Todavia, mesmo essas línguas têm exceções. Em inglês, são neutros todos os substantivos relativos a seres inanimados, com exceção dos navios, automóveis, aviões e máquinas em geral, que são femininos. Essas exceções têm a ver, em muitos casos, com uma visão de mundo particular da sociedade.

Se, em princípio, seres sexuados conduzem a uma coincidência entre o gênero gramatical e o natural, a coisa se complica em línguas de povos que classificam as coisas do mundo segundo uma visão mítico-religiosa ou metafísica.

Em latim, as árvores tinham nomes femininos por serem associadas à figura materna que gera a vida (isto é, dá frutos). Em muitas línguas, predomina uma visão animista do Universo, segundo a qual todas as coisas têm vida e alma, daí terem um gênero animado e por vezes sexuado. Entre certos povos, a palavra para "moça" é neutra, tornando-se feminina no momento em que a jovem concebe. Nessa visão de mundo, a mulher só é vista como tal quando cumpre seu papel procriador.

A atribuição do gênero gramatical às palavras é arbitrária porque não parte, em geral, da análise semântica (gênero natural), mas de uma herança histórica, por vezes transtornada por mutações aleatórias ao longo da evolução. Assim, o latim *calor* era masculino; em português, seu descendente *calor* manteve o gênero, mas em francês *chaleur* é feminino. Há exemplos semelhantes: português *costume* (masc.) x espanhol *costumbre* (fem.); português *flor* (fem.) x italiano *fiore* (masc.). *Vinho* é masculino em português, francês (*vin*), alemão (*Wein*) e grego (*oînos*), e é neutro em latim (*vinum*), inglês (*wine*), sueco (*vin*) e russo (*vino*).

Em alemão, as palavras diminutivas com sufixos *-chen* e *-lein* são neutras, não importando o gênero da palavra primitiva (daí por que o anteriormente citado *Mädchen* é neutro). Em inglês, quando se sabe o sexo do animal, é normal referir-se a ele por *he* ou *she*; quando não, usa-se o neutro *it* (mais modernamente tem-se usado o plural *they*). A arbitrariedade do gênero gramatical já suscitou até críticas como a de Protágoras, para quem o grego era uma língua enganosa, em que palavras "viris" como *capacete, coroa* e *cólera* eram femininas.

O fato é que o gênero gramatical das palavras influencia o imaginário de tal forma que as representações culturais que fazemos refletem a confusão entre gênero e sexo. Nas histórias infantis, o Sol é homem e a Lua é mulher em línguas como o português e o espanhol, em que as palavras para Sol e Lua pertencem a esses gêneros. No imaginário alemão, o Sol é mulher e a Lua, homem, porque a palavra para Sol (*Sonne*) é feminina, enquanto a para Lua (*Mond*) é masculina. Em inglês, a figura da Morte é homem; já em português é mulher. O inglês usa expressões como *mother nature* (mãe natureza) e *mother language* (língua-mãe) por pura imitação das línguas românicas, notadamente o francês, pois em inglês *nature* e *language* são palavras neutras.

Há outros aspectos sobre gênero. Em primeiro lugar, há uma relação entre animado e agente, bem como entre agente e sujeito. Por isso, nas línguas indo-europeias, substantivos animados, que podem exercer a função de sujeito da oração, costumam ter formas distintas no caso reto e no oblíquo, enquanto os inanimados têm uma só forma em ambos os casos.

Em latim, *dominus*, "senhor", é sujeito e *dominum*, objeto direto; já *templum*, "templo", pode ser sujeito e objeto. No inglês, os pronomes pessoais masculinos e femininos têm formas para sujeito e objeto (*he/him*, *she/her*), mas o neutro tem uma só, *it*.

Em segundo lugar, muitas línguas associam o feminino ao coletivo. Em árabe, o plural de *juiz* significa igualmente "magistratura". Em grego, o neutro plural faz concordância no singular, como se fosse coletivo: *tò grámma estìn*, "a letra é"; *ta grámmata estìn*, "as letras são" (literalmente, "as letras é"). Parece que em grego *ta grámmata* é entendido tanto como "as letras" quanto como "o alfabeto". Não por acaso, muitos coletivos em português são femininos (mulherada, bicharada). Em italiano, algumas palavras masculinas fazem um plural feminino: *ginocchio/ginocchia*, "joelho(s)", *uovo/uova*, "ovo(s)", e assim por diante.

Ao menos no indo-europeu, a distinção de gênero mais importante era entre "animado" e "não animado"; a oposição masculino/feminino seria um detalhamento da classe "animado" surgido posteriormente. Daí surgirem os três gêneros da maioria das línguas indo-europeias: masculino, feminino e neutro. Este, por sinal, tem seu nome derivado do latim *ne uter*, "nem um nem outro".

Militantes contra o preconceito de sexo, que hoje por vezes se confunde com o preconceito de gênero biopsicossocial (também chamado de identidade de gênero), acusam as línguas de ter pronomes "sexistas" e exigem mudança até no texto da Bíblia (frases como *nem só de pão vive o homem* seriam machistas). Tudo porque a evolução fonética fortuita tornou masculinas palavras neutras. E porque a confusão entre gênero gramatical, gênero natural, gênero biopsicossocial e sexo biológico, estimulada pela adoção de termos gramaticais inadequados, está enraizada em nossas crenças sobre a natureza da linguagem.

OS MUITOS NÚMEROS DA LÍNGUA

Estamos tão acostumados com a ideia de as línguas que nos são mais familiares, como o espanhol, o francês, o italiano, o inglês e o alemão – além do próprio português, é claro –, terem dois números, o singular e o plural, que nem nos damos conta de que muitas línguas do mundo não são assim. Há desde as que não conhecem a noção de número – como a maioria das línguas indígenas, que sequer têm numerais além de dois ou três, o que inviabiliza a própria ação de contar – até os idiomas que possuem número dual e trial.

Sabe-se que o indo-europeu tinha três números: singular (um), dual (dois) e plural (mais de dois). Embora essa característica gramatical não tenha passado ao latim e por isso não tenha chegado até nós, várias línguas indo-europeias mantiveram esse sistema de três números, como o grego e o germânico antigos.

Antes de mais nada, convém explicar o que é o dual. No grego clássico, por exemplo, os nomes e verbos tinham terminações específicas para cada número. A expressão *Ho híppos kalós estìn*, "O cavalo é belo", referia-se a um só animal, *Tò híppo kaló estón*, "Os cavalos são belos", referia-se a dois, e *Hoi híppoi kaloí eisín*, igualmente, "Os cavalos são belos", a três ou mais. Portanto, o grego tinha três flexões de número para substantivos, adjetivos, pronomes e artigos, e conjugava os verbos no singular, dual e plural.

Apesar de não termos o dual em português, vários resquícios dele permaneceram em nossa língua e estão presentes na fala do dia a dia sem que percebamos. Muitas de nossas expressões dizem implicitamente se estamos falando de dois indivíduos ou vários. Compare os pronomes *ambos* e *todos* nas seguintes frases: *Tenho dois filhos; ambos estão na faculdade* e *Tenho três filhos; todos estão na faculdade*. Nos dois casos, há a ideia de totalidade, mas *todos* é o total de um conjunto de vários elementos, enquanto *ambos* significa "todos os dois".

Também fazemos uma distinção entre dois ou mais no emprego do adjetivo "outro". Em latim, essa palavra se traduz por *alter* (outro dentre dois) e *alius* (outro dentre muitos). Em português, *alter* é "o outro", e *alius* é "um outro". Ou seja, temos um só adjetivo onde o latim tem dois, mas distinguimos entre dual e plural por meio do artigo (definido ou indefinido). Aliás, a existência de dois adjetivos diferentes para "outro" em latim se deve em parte à ausência de artigos naquela língua.

Como sabemos, os graus do adjetivo são dois: comparativo e superlativo. Na verdade, o grau comparativo do latim indica a supremacia de um elemento sobre outro e pressupõe o confronto entre dois. Já o superlativo latino representa a supremacia de um elemento sobre outros dois ou mais, estabelecendo um confronto entre vários.

O comparativo é indicado pelo sufixo *-ior* e o superlativo, pelo sufixo *-issimus* (ou *-imus*). Assim, a frase latina *Validior manuum dextra est* (a partir do adjetivo *validus*, "forte") significa *A mão direita é a mais forte (das duas)*. Já *Aquila velocissima avium est* (do adjetivo *velox*, "veloz") quer dizer *A águia é a mais veloz das aves* (isto é, de todas as aves). O português não tem, em geral, formas diferentes para o adjetivo comparativo e o superlativo: *maior* é ao mesmo tempo comparativo e superlativo de *bom*. Mesmo assim, a sintaxe permite distinguir ambos os casos: *maior do que* é comparativo, enquanto *o maior de* é superlativo. Além disso, temos alguns adjetivos de origem culta, isto é, importados diretamente do latim, que expressam a ideia de grau superlativo, como *máximo*, *mínimo* e *último*.

O latim tem ainda vários adjetivos terminados em *-ter* (ou *-terus*), que têm sentido dual. Além de *alter*, há *uter* (qual dos dois), *ceterus* (o outro, o restante) e vários outros. Esse sufixo latino provém do indo-europeu *-teros*, que indicava oposição binária e passou também às línguas germânicas. A terminação *-ther* do inglês tem essa origem e ocorre em palavras que têm sentido opositivo: *either* (conjunção "ou", pronome "um e outro"), *neither* (conjunção "nem", pronome "nem um nem outro"), *whether* (conjunção "quer"). A própria conjunção *or*, "ou", esconde, em razão da evolução fonética, o sufixo *-ther*.

QUE E QUAL

Quando pergunto *Que sapato é este?*, estou buscando a especificação de um indivíduo dentre muitos. Já se pergunto *Qual sapato é este: o meu ou o seu?*, o uso do interrogativo *qual* em lugar de *que* sugere a escolha entre dois.

Outras línguas indo-europeias, como o francês e o inglês, empregam respectivamente os interrogativos *quel/lequel* e *what/which*, conforme podemos ver no exemplo a seguir:

Português	Que sapato é este?	Qual sapato é este: o meu ou o seu?
Francês	Quel soulier est celui-ci?	Lequel soulier est celui-ci : le mien ou le tien?
Inglês	What shoe is this?	Which shoe is this: mine or yours?

OS MODOS DA REALIDADE

A gramática tradicional nos ensina que o português tem três modos verbais: indicativo (situação efetiva: *O dia está chuvoso*), subjuntivo (situação potencial: *Espero que ele venha*) e imperativo (ordem para que o receptor execute uma ação: *Feche a porta*). Tanto que Paschoalin e Spadoto, em sua *Gramática: teoria e exercícios*, afirmam: "modo indicativo – exprime um fato certo, uma certeza; modo subjuntivo – exprime um fato possível, duvidoso, hipotético; modo imperativo – exprime uma ordem, um conselho, um pedido".

Mas a gramática baseia seu conceito de modo, fundamentalmente, no aspecto formal dos verbos e não na sua dimensão semântica. Por exemplo, a frase *Talvez ele esteja doente* equivale a *Ele está talvez doente*: são duas formulações sintáticas diferentes da mesma informação; a mera mudança de posição do advérbio *talvez* altera o modo do verbo. Mas, afinal, a ideia manifestada por essas frases é efetiva ou potencial? Dito de outro modo, o verbo é semanticamente – e não apenas morfologicamente – indicativo ou subjuntivo?

Pode-se argumentar que *Talvez ele esteja doente* significa "Pode ser que ele esteja doente", por isso o verbo deve estar no modo subjuntivo. O problema desse raciocínio é que *Pode ser que ele esteja doente* é um período composto por subordinação, enquanto *Talvez ele esteja doente* é um período simples. Portanto, o advérbio *talvez* teria o mesmo valor de uma oração. Contudo, esse mesmo raciocínio não explica *Ele está talvez doente*, em que *talvez* não exige o subjuntivo. (Teríamos, nesse caso, uma oração intercalada *Ele está, quem sabe, doente*?)

O fato é que a determinação do modo verbal pela gramática se baseia no critério morfológico, isto é, na conjugação do verbo. Assim, *fazes* é indicativo, *faças* é subjuntivo e *faze* é imperativo. Tudo muito claro, não fosse o fato de que certas formas de um modo são idênticas às de outro (por exemplo, *faça* pode ser subjuntivo ou imperativo; *canta* pode ser indicativo ou imperativo, e assim por diante).

O *Dicionário de linguística*, de Jean Dubois et al., afirma que o modo "é uma categoria gramatical, em geral associada ao verbo, e que traduz (1) o tipo de comunicação instituído pelo falante entre ele e seu interlocutor (estatuto da frase) ou (2) a atitude do falante com relação aos seus próprios enunciados".

Já o *Moderno dicionário da língua portuguesa*, mais conhecido como *Michaelis*, define modo como "variações que os verbos tomam e pelas quais eles exprimem as diversas maneiras por que se realizam os fatos por eles expressos". Ou seja, o modo tem a ver, em princípio, com a natureza da ação expressa pelo verbo e da maneira como o emissor concebe tal ação (potencial, efetiva etc.).

Mas, também em princípio, diferentes maneiras de conceber ações pedem diferentes formas linguísticas de expressá-las, daí que o modo semântico, e mesmo pragmático, se torna uma classe gramatical. Só que, se existe uma correspondência biunívoca entre o semântico-pragmático em certas línguas, em outras – a maioria, aliás – essa relação se vê bastante transtornada.

Por exemplo, o inglês traduz o mais das vezes pelo indicativo ações que nós, falantes do português, expressamos pelo subjuntivo (*if he comes* = "se ele vier"). Em compensação, nos referimos pelo indicativo a situações que os italianos exprimem no subjuntivo ("perguntei quem era o seu pai" = *domandai chi fosse suo padre*). Em algumas línguas, nem mesmo a concordância de tempo verbal é respeitada, como, por exemplo, em *Ich fragte, wer sein Vater sei*, que em alemão quer dizer, literalmente, "perguntei quem seja o seu pai".

Tudo isso é ilustrativo de que, se o modo reflete a relação entre o enunciado linguístico e a realidade, então, semanticamente, há outros modos verbais além dos três apontados pela gramática normativa. Afinal, não comunicamos linguisticamente apenas fatos concretos, fatos presumidos e ordens. Também veiculamos desejos, aspirações, imprecações, fórmulas rituais, e muito mais. Por isso, temos de considerar também o modo desiderativo, que exprime um desejo sabidamente irrealizável ou hipotético (*Ah, se eu fosse rico!*, *Bem que ele podia me ajudar...*), o optativo, espécie de imperativo dirigido a uma terceira pessoa e/ou ao próprio emissor (*Ele que se dane!*, *Que possamos estar vivos até lá*), e o performativo, em que o próprio enunciado institui a realidade que descreve (*Eu vos declaro marido e mulher*, *A sessão está encerrada*).

Portanto, os modos semântico-pragmáticos são as maneiras como o locutor caracteriza a ação ou estado que relata. Temos as seguintes possibilidades:

1. Situação efetiva (o locutor tem certeza de que o fato se deu ou se dará);
2. Situação virtual (o fato pode verificar-se, mas não ocorreu ainda);
3. Situação incerta (o fato pode ter-se dado, mas o locutor ignora ou não tem certeza);
4. Situação hipotética (o locutor considera um fato abstratamente, sem que ele precise ou venha a se realizar);
5. Indução a que a situação ocorra (o locutor apela ao interlocutor que realize a ação expressa no enunciado); e
6. Instituição ritual da situação (o próprio enunciado cria, ao ser veiculado, e graças à autoridade do locutor, a situação por ele expressa).

Do ponto de vista linguístico, as frases *Talvez ele esteja doente* e *Ele está talvez doente* denotam uma situação cujo estatuto de verdade é desconhecido do emissor, embora se saiba que ele ou está doente ou não está. O modo semântico, diferentemente do gramatical, se relaciona ao conteúdo lógico do enunciado, aos esquemas cognitivos dos falantes e à própria natureza ontológica da realidade. Por uma questão bastante razoável de economia linguística, nenhuma língua que se conheça tem tantos modos gramaticais quantos são os modos semânticos. É por isso que o português expressa em apenas três paradigmas de conjugação, por sinal com elementos comuns entre eles, os seis – ou mais – possíveis modos de conceber a realidade.

Os modos em português

No indicativo, a língua portuguesa é rica, com três tempos pretéritos (imperfeito, perfeito e mais-que-perfeito), um presente e dois futuros (do presente e do pretérito). Já o subjuntivo tem só três tempos: imperfeito, presente e futuro. O problema é que, além de esses tempos não serem nuançados por informações sobre aspecto verbal (perfeito, imperfeito etc.),[1] muitas vezes usamos um tempo verbal para denotar uma ação ou estado que, semanticamente, corresponde a outro tempo físico.

Não que o modo indicativo nunca ofereça problemas. Em *Perguntei quem era ele* o sentido real é *Perguntei quem é ele*, afinal a ação de perguntar se deu no passado, mas *ele* não deixou de ser quem é após a minha pergunta. Mas é no modo subjuntivo que essas incoerências são acentuadas. Nos exemplos, entre parênteses, após o verbo no modo que usamos na norma culta, está o tempo real da ação ou estado referidos pelo enunciado:

> *Pensei que ela fosse (era) rica. Se eu fosse (seria) rico, compraria um iate. Espero que ele venha (virá). Espero que ela seja (é) bonita. Onde você estiver (estará), eu estarei com você. Faça o que você quiser (quer). Se quiser (quer), pode pagar amanhã. Quero que você pague (pagará) esta conta. Talvez ele esteja (está) doente. Talvez ele esteja (estará) lá amanhã.*

Outra prova do uso incoerente dos tempos do subjuntivo é que a simples substituição de uma conjunção por outra modifica o tempo verbal sem alterar o semântico. Basta trocar *que* por *se* para constatar: *mesmo que você esteja lá* equivale a *mesmo se você estiver lá*; o sentido real tanto pode ser "mesmo que/se você está lá" quanto "mesmo que/se você estará lá". Essa dualidade pode ser neutralizada por um gerúndio: "mesmo você estando lá".

É por essa pobreza informativa dos tempos subjuntivos que as línguas germânicas praticamente aboliram esse modo. Com exceção do alemão, que ainda faz dele uso relativamente produtivo (embora menos que as línguas românicas), a tendência das línguas teutônicas é, como vimos anteriormente, substituir o subjuntivo pelo indicativo. Das línguas latinas, o português é a que tem mais formas de subjuntivo e uso mais complexo dele.

UMA BREVE HISTÓRIA DO TEMPO... VERBAL

O que é o tempo? Para Santo Agostinho, "é a coisa mais fácil de compreender e a mais difícil de definir. Pois, se ninguém me perguntar, eu sei o que é; mas, se quiser explicar a quem me perguntar, já não sei". O tempo é um dos conceitos mais intuitivos e enigmáticos de que a mente humana é capaz de ocupar-se. Filósofos e físicos se debruçaram sobre ele, sem chegar a uma compreensão absoluta. Parmênides achava que a passagem do tempo era simplesmente uma ilusão dos sentidos, o que, de certa forma, a ciência moderna parece confirmar.

Segundo Stephen Hawking, em *Uma breve história do tempo*, a sensação da passagem do tempo é ilusória porque o Universo é mais ou menos como a superfície do globo terrestre, só que dotado de quatro dimensões em vez de duas (algo difícil de visualizar, mas possível de ser concebido matematicamente). O tempo é então só uma dessas dimensões. Tanto que, embora não possamos vê-lo como vemos o espaço, falamos do tempo usando termos que remetem à ideia de espaço: *antes* x *depois* (equivalente a *diante* x *atrás*), *intervalo*, *dentro de duas horas*, *daqui a quinze minutos* (*aqui* significando "agora"), *a essa altura*, *neste ponto*, e assim por diante.

Do mesmo modo como, no globo terrestre, a latitude e a longitude não se movem, mas, conforme viajamos do polo Norte ao Equador, temos a sensação de que a circunferência do globo cresce, a própria expansão do Universo seria ilusória: todos os momentos da história do cosmo coexistiriam, e nós é que estaríamos viajando entre eles.

Outra explicação dada por Hawking para a sensação de que o tempo passa é a memória. Como só lembramos do passado e não do futuro (o que equivaleria à onisciência), e como vamos acumulando mais e mais lembranças, temos a sensação de que o passado se torna cada vez mais extenso e, portanto, o tempo está transcorrendo.

Nesse sentido, o instante presente é a fronteira entre os eventos já registrados na memória e os que ainda não registramos. Resulta daí a surpreendente conclusão de que a passagem do tempo não é um fenômeno da natureza e sim da nossa mente.

A noção de tempo é tão íntima ao ser humano que todas as línguas conhecidas a têm. (Especulações sobre línguas como o hopi e o pirahã, que não fariam distinção entre passado, presente e futuro, condenando seus falantes a um eterno presente, vêm sendo questionadas por estudos linguísticos mais rigorosos.) É comum que certos idiomas não apresentem termos específicos para denominar o futuro, representando-o por construções no presente, equivalentes a "vou fazer", "quero fazer" (por exemplo, o inglês *I will do*). A explicação é que, enquanto o passado e o presente são tempos efetivos, o futuro é sempre potencial.

Algumas línguas distinguem a ação em curso (imperfeita) da concluída (perfeita). Há as que distinguem o tempo da ação, mas não a maneira como ela se desenrola (o chamado aspecto verbal), enquanto outras dão mais importância ao aspecto do que ao tempo da ação.

Apesar de todas as diferenças, há constantes no modo como as línguas tratam o tempo. Para a mente, e consequentemente para a língua, há três tipos de tempo: anterior, simultâneo e posterior ao ato da fala, que convencionamos chamar respectivamente de passado (ou pretérito), presente e futuro.

No entanto, como são tempos relativos (o que já foi futuro um dia será passado), precisamos definir outras formas de datação para compreender como as línguas estabelecem os tempos verbais.

Para isso, temos de considerar não o tempo cronológico, mas os tempos pragmáticos, que são três: o tempo da enunciação (momento em que o enunciado é veiculado), o tempo do enunciado (momento focalizado pelo enunciado) e o tempo do evento (momento em que o ato ou estado se deu). Se hoje eu disser *ontem fez dois anos que minha avó morreu*, o tempo da enunciação é hoje, o do enunciado é ontem e o do evento é dois anos atrás. É a partir das diferentes combinações dos tempos pragmáticos que resultam os vários tempos verbais.

Assim, o pretérito mais-que-perfeito indica um evento (ação ou estado) que se verificou antes de outro, também já ocorrido (*Quando eu cheguei, ele já havia saído*); o futuro perfeito representa um evento futuro, mas anterior a outro, também futuro (*Quando você estiver lendo esta carta, já terei partido*); o pretérito imperfeito pressupõe ação/estado cujo início e fim extrapolam o tempo do enunciado (*Em 2014 eu estava em Paris*, isto é, cheguei lá antes de 2014 e parti depois desse ano), ao passo que o pretérito perfeito indica ação/estado com início e fim circunscritos ao tempo do enunciado (*Em 2014 eu estive em Paris*, ou seja, cheguei, permaneci e parti dentro daquele ano).

Há uma relação entre o tempo verbal (resultante da combinação *tempo da enunciação* x *tempo do enunciado*) e o aspecto verbal (*tempo do enunciado* x *tempo do evento*). Assim, o tempo verbal se resume a pretérito, presente e futuro; já o aspecto pode ser pontual (ação instantânea: *o copo quebrou*), durativo (ação ou estado que perdura no tempo: *o Sol brilha*), iterativo (ação que se repete várias vezes: *escovo os dentes todos os dias*) etc.

Por sinal, as denominações dos tempos verbais em português não refletem fielmente os aspectos. Tanto que o futuro simples pode indicar aspecto pontual (*partirei amanhã*), durativo (*sempre amarei você*) ou iterativo (*trabalharei todos os dias da minha vida*), ao passo que o presente simples é durativo (*o Sol brilha*) ou iterativo (*ele trabalha todos os dias*), mas nunca pontual (pelo menos com sentido de presente).

Além disso, o português não marca bem a distinção entre o pretérito simples (correspondente ao aoristo grego) e o presente perfeito: *eu fiz isso ontem à noite* (tempo do enunciado = ontem; tempo do evento = ontem) x *eu já fiz isso* (tempo do enunciado = agora; tempo do evento = antes de agora).

Ou seja, usamos o mesmo tempo verbal (pretérito simples) para denotar um tempo da ação passado, qualquer que seja o tempo do enunciado. Já o inglês e outras línguas românicas e germânicas fazem distinção entre as duas situações: *I <u>did</u> that last night* x *I <u>have</u> already <u>done</u> that*. Enquanto nosso pretérito distingue entre pontual e perfeito (*Todos os dias, quando eu <u>chegava</u>, ela já <u>tinha saído</u>*), no presente essa distinção não se dá (não se diz *todos os dias, quando <u>chego</u>, ela já <u>tem saído</u>*, mas *ela já <u>saiu</u>*). Portanto, no indicativo, o português fundiu o pretérito pontual (ação concluída em data definida no passado) e o perfeito (ação passada que no presente já está concluída).

Os demais tempos verbais também apresentam contradições. Sobretudo, nossa língua é mais rica em aspectos verbais referentes ao passado do que ao futuro – como a distinção *perfeito* x *imperfeito*, que não existe gramaticalmente no futuro, embora seja semanticamente possível. Isso parece ser um reflexo do indo-europeu, que não expressava o tempo futuro, apenas presente e passado.

Quer o tempo exista em si ou seja produto da maneira como nossa mente vê o mundo, o fato é que as línguas criaram mecanismos de referência em relação ao tempo semelhantes a um sistema de coordenadas.

Assim como nos problemas de física, em que um tempo $t_o = 0$ é fixado arbitrariamente e todos os outros tempos do experimento (t_1, t_2, t_n), anteriores ou posteriores a t_o, são determinados em relação a ele, nossa noção de passado, presente e futuro depende do tempo cronológico em que ocorre a enunciação.

Aliás, assim como na física as posições sucessivas de um corpo em movimento, dadas pelas coordenadas x, y e z, são estabelecidas a partir de um ponto de referência de coordenadas $x_o, y_o, z_o = 0$, também as noções linguísticas de espaço (aqui, aí, lá) e pessoa (eu, você, ele) variam em função do ponto de referência escolhido. Mas isso é assunto para a próxima seção.

AS COORDENADAS DO IDIOMA

Há uma noção correlata ao tempo, que é igualmente fundamental para nossa compreensão do mundo: o espaço. Todos temos a sensação de viver num espaço tridimensional. A física especula que o Universo tem dez dimensões espaciais, mas a maioria teria se contraído logo após o *Big Bang* (a explosão que deu origem ao cosmo), e é detectável apenas em fenômenos da escala quântica, tendo restado somente as três dimensões clássicas: comprimento, largura e altura.

Por isso, para localizarmos objetos no espaço, precisamos de três informações, que em sistemas de maior precisão são dadas na forma de números: as coordenadas. Para determinar a posição de um avião em voo, preciso saber sua latitude, longitude e altitude. Essas coordenadas são estabelecidas a partir de um ponto de referência – o Equador para a latitude, o meridiano de Greenwich para a longitude e o nível do mar para a altitude. Se adotássemos outro ponto de referência – o polo Norte, o meridiano de Brasília e a altura do monte Everest –, as coordenadas seriam outras.

Para localizar-se na Terra, o homem também criou sistemas de referência, como os pontos cardeais (correspondentes ao nascer e ao pôr do sol, ao meio-dia e à meia-noite) e as estrelas do céu noturno. Também dispomos de termos que localizam objetos em relação a nós mesmos, como *esquerda, direita, acima, abaixo, adiante* e *atrás*. Praticamente todas as línguas têm palavras para designar pontos cardeais, que provêm das denominações do nascente, do poente, do hemisfério em que o Sol se encontra ao meio-dia e do hemisfério oposto.

Em latim, os pontos cardeais eram *oriens* (do verbo *orior*, "levantar-se"), *occidens* (de *occido*, "pôr-se, descer"), *meridies* ("meio-dia") e *septentriones* (os sete bois de lavra ou as sete estrelas da Ursa Maior). Dessas palavras vieram *oriental, ocidental, meridional* e *setentrional*. Portanto, o latim relacionava as quatro direções à passagem do tempo: o nascente, ou leste, correspondia às seis horas; o meio-dia era a hora em que o Sol se encontrava na metade do trajeto, o que, visto do hemisfério norte, o fazia parecer mais inclinado para o sul; o poente, ou oeste, correspondia às dezoito horas, e à meia-noite a constelação da Ursa Maior era visível ao norte.

Mas os termos que usamos para os pontos cardeais se originam das línguas germânicas, nas quais também há a correlação entre a posição do Sol e a hora do dia. *Leste* vem do francês *l'est*, por sua vez do inglês *east*, da raiz indo-europeia **aus*, "brilho", que deu *austro, aurora* e *ouro*. *Oeste* vem do inglês *west*, da mesma raiz de *vespertino*, de Vênus, a estrela vésper. *Sul*, do antigo inglês *suth* (hoje *south*), vem do germânico **sunthaz*, "o lado do Sol", isto é, o hemisfério sul, para onde pende o Sol ao meio-dia. E *norte*, do inglês *north*, "lado esquerdo", pois os germanos se orientavam olhando de frente para a região do nascente.

Aliás, os termos *nascente, levante, poente, ocaso, orientar* e *nortear*, as denominações *Midi* e *Mezzogiorno* ("meio-dia" respectivamente em francês e italiano), que nomeiam as regiões meridionais da França e da Itália, bem como a expressão *meia-noite* (em *sol da meia-noite*) aplicada aos povos escandinavos, são todos reminiscências desse primitivo sistema de orientação pelo Sol.

Sistemas de referência com base em acidentes geográficos ou fatos astronômicos são chamados de *cosmocêntricos*. Já os baseados no nosso próprio corpo são *antropocêntricos*. Portanto, os pontos cardeais constituem um sistema cosmocêntrico. Ele é muito útil na navegação, mas não parece prático para indicar a alguém em qual gaveta achar o abridor de latas. Para isso, usamos o sistema antropocêntrico: "na segunda gaveta da direita, de cima para baixo, do armário à esquerda de quem entra na cozinha". O mesmo vale para nos localizarmos na cidade ou em um edifício.

A diferença entre o sistema cosmocêntrico e o antropocêntrico é que o primeiro é absoluto e o outro depende de nossa postura corporal. Assim, não importa em que posição eu esteja, o norte é sempre norte: se caminho com uma bússola nas mãos, meu corpo se move, mas a agulha permanece apontando a mesma direção. Porém, se estou de frente à parede, digo que ela está à minha frente; se dou meia-volta, agora ela está atrás de mim.

Várias línguas, especialmente as tribais, adotam só o sistema cosmocêntrico, até para localizar objetos próximos. Elas não têm palavras para "esquerdo" e "direito", por exemplo. Enquanto dizemos *tem uma mosca pousada no seu ombro esquerdo*, elas dizem *tem uma mosca a noroeste da sua cabeça*.

Também as noções de "longe" e "perto" apresentam diferentes concepções conforme a língua. O português distingue entre *aqui*, *aí* e *lá* (também *ali*, um intermediário entre *aí* e *lá*), e *este*, *esse* e *aquele*. Ou seja, localizamos objetos em termos da proximidade da primeira, segunda ou terceira pessoa do discurso. O inglês reconhece só duas distâncias relativas (*here/there*, *this/that*), e o francês oscila entre duas e uma (os advérbios de lugar são *ici* e *là*, mas só há um pronome demonstrativo, *ce*; para distinguir entre o próximo e o distante, usa-se às vezes um advérbio complementar: *ce cahier-ci*, "este caderno", *ce cahier-là*, "esse ou aquele caderno"). O advérbio *y*, "aí", remete sempre a algum termo anteriormente citado (função anafórica da linguagem, a que aponta para o próprio discurso), nunca a um objeto fora do discurso (função dêitica, que aponta para coisas do contexto extradiscursivo).[2]

Muitas outras noções referentes à localização apresentam diferenças de idioma a idioma: oposições como *em cima/acima/sobre*, *embaixo/abaixo/sob*, *diante/adiante/avante* etc., não são de modo algum universais. Mesmo línguas próximas do português revelam métodos de orientação e localização bem diversos dos nossos.

NA PONTA DOS DEDOS

Alegando ter sido mal atendido, um sujeito chamado Dalton Chiscolm entrou certa vez com uma ação na justiça norte-americana contra o Bank of America exigindo como indenização a estratosférica quantia de 1 septilhão de dólares, ou o equivalente ao algarismo "um" seguido de 24 zeros. Só para ter ideia, esse valor corresponde à economia de 21 bilhões de planetas Terra. A curiosa notícia nos faz pensar, no entanto, que a demanda do cliente, por absurda que seja, só é possível porque nosso sistema de numeração permite pensar e representar, tanto gráfica quanto linguisticamente, essa cifra e outras ainda maiores.

Isso nem sempre foi assim. Nossos ancestrais pré-históricos não tinham necessidade de contar nem precisavam de palavras para números, exceto um, dois, no máximo três. Essa situação permanece entre povos primitivos: o tupi tinha numerais até cinco, e o pirahã, da Amazônia, só conhece um e dois. Não por acaso, a palavra *três* é da mesma etimologia da preposição latina *trans*, "além". Ou seja, originalmente os números eram um, dois e o resto.

O fato de muitas línguas não terem palavras para números além de três, quatro ou cinco se deve à diferença que existe entre o senso numérico, isto é, a capacidade de estimar a quantidade de elementos de um conjunto, e a contagem, que é a correspondência, um a um, entre objetos de dois conjuntos. Nossa capacidade estimativa não vai além de quatro ou cinco; com quantidades maiores, somos obrigados a contar.

A necessidade de contar surgiu há 10 mil anos, com o advento da agricultura. Para cultivar o solo, era preciso contar o tempo, as estações, as fases da Lua... Além disso, era preciso controlar o rebanho para que nenhuma ovelha se perdesse ou fosse roubada. Para isso, os pastores guardavam pedrinhas dentro de um saco de couro, uma para cada ovelha. Ao final do dia, eles tinham como saber se alguma não havia retornado do pasto: bastava que houvesse mais pedras no saquinho do que ovelhas no rebanho. Tanto que *cálculo* vem do latim *calculus* (pedrinha).

A maioria dos antigos sistemas numéricos se baseava na primeira "calculadora" de que o homem dispôs: os dedos das mãos. Por isso, esses sistemas eram, em geral, decimais, embora houvesse sistemas de base 16,

33 e mesmo 60 (os 60 segundos do minuto, os 60 minutos da hora e os 360 graus da circunferência provêm do sistema sexagesimal dos babilônios).

Antes mesmo da invenção da escrita, línguas como o indo-europeu, cerca de 4 mil anos antes de Cristo, já retratavam nos nomes dos números a base 10. Um exemplo disso pode ser visto analisando os numerais do grego e do latim, duas línguas de origem indo-europeia. Os numerais de 1 a 10 são palavras primitivas, ao passo que as dezenas 20, 30 etc., e os valores intermediários entre elas são termos compostos ou derivados dos numerais primitivos (ver Quadro 3).

Por exemplo, *onze* é *héndeka* em grego e *undecim* em latim, literalmente "um mais dez". *Doze* (grego *dódeka*, latim *duodecim*) é "dois mais dez", e assim por diante. Por isso mesmo, 22 se diz *vinte e dois* em português, isto é, "vinte mais dois".

O numeral correspondente a "vinte" era *eíkosi* em grego clássico (*eíkonti* em grego arcaico) e *viginti* em latim. Ambos provêm do indo-europeu *wei, "dois" + *dkomti ou *dkm̥ti (dual de *dekm̥t, "dez"). O grego *triákonta* e o latim *triginta* pressupõem o indo-europeu *tria, "três" + *dkomta ou *dkm̥ta (plural de *dekm̥t). O grego *hekatón*, "cem", resultou de *hén katón*, "um cento", de onde se depreende que "cento" era *katón* em grego e *centum* em latim, ambas palavras resultantes do indo-europeu *dkm̥tóm, derivado de *dekm̥t. E que significava "dez vezes dez".

O problema é que os métodos de notação numérica dos povos da Antiguidade não retratavam fielmente a base decimal e não facilitavam os cálculos. Os gregos usavam as próprias letras do alfabeto como algarismos; os romanos utilizavam os algarismos I, V, X, L, C, D e M e suas combinações, como fazemos hoje para numerar séculos, reis e papas. Como resultado, até uma ferramenta, o ábaco, teve de ser desenvolvida para permitir operações aritméticas.

Embora a língua indo-europeia já contemplasse o sistema decimal em plena pré-história, a notação posicional decimal só foi criada por volta do século V da era cristã, no norte da Índia, e o sistema métrico decimal, também chamado de sistema internacional, só foi adotado em 1795. Portanto, nossos antepassados passaram milênios tendo de fazer contas com ábacos quando o sistema mais prático de numeração estava diante de seus próprios olhos – ou melhor, na ponta de sua própria língua.

Quadro 3

A etimologia dos numerais		
Numeral	**Grego**	**Latim**
1	Heís, mía, hén	Unus, una, unum
2	Dúo	Duo, duae
3	Treîs, tría	Tres, tria
4	Téttares	Quattuor
5	Pénte	Quinque
6	Héx	Sex
7	Heptá	Septem
8	Októ	Octo
9	Ennéa	novem
10	Déka	Decem
11	Héndeka	Undecim
12	Dódeka	Duodecim
13	Treiskaídeka	Tredecim
20	Eíkosi	Viginti
30	Triákonta	Triginta
40	Tettarákonta	Quadraginta
50	Pentékonta	Quinquaginta
100	Hekatón	Centum
200	Diakósioi	Ducenti
300	Triakósioi	Trecenti

O FILTRO DAS INCERTEZAS

Uma das questões mais importantes na história dos estudos da linguagem é o fenômeno da modalidade. Mas o que vem a ser isso? Você já deve ter ouvido falar nos chamados verbos modais (*querer, dever, saber, poder* etc.). Curiosamente, eles são mais abordados em aulas de inglês do que de português (quem já não estudou nas aulas de inglês os famosos verbos *can*, *may*, *might*, *must*, *shall*, *should* etc.). Pois é, esses verbos têm a característica de não reger um objeto direto ou indireto e sim outro verbo (*querer dormir*, *dever pagar*, *saber escrever*, *poder viajar*, e assim por diante). Por que isso acontece? É que tais verbos não indicam uma ação, mas sim uma possibilidade ou virtualidade de ação. "Querer viajar" não é o mesmo que "viajar", "estar viajando", "costumar viajar" etc.

Os próprios modos do verbo também são uma manifestação da modalidade (indicativo = ação efetiva; subjuntivo = ação dependente de alguma circunstância; imperativo = ordem para o início da ação).

O fenômeno da modalidade na linguagem é tão importante que Aristóteles, em sua *Metafísica*, já postulava a distinção entre potência (*enérgeia*) e ato (*érgon*), isto é, entre o que pode vir a ser e o que é.

A questão para esse filósofo era: se, segundo Parmênides, o ser é e o não ser não é, como é possível o movimento? Se o mundo é uma constante mudança, um permanente devir, então há diferença entre o que não é nem pode ser (o Nada) e o que não é mas pode vir a ser. O exemplo clássico de Aristóteles é a semente: não é uma árvore, mas poderá tornar-se uma quando germinar. Portanto, toda realidade ou é potencial ou efetiva.

Outra questão levantada pelo grego é a distinção entre essência e aparência, assim como entre sujeito e objeto. A essência (o que um objeto é em si) é objetiva, enquanto a aparência (o que o sujeito crê acerca do objeto com base no que vê) é subjetiva. A primeira é da esfera dos fatos; a segunda, dos valores. A primeira dá origem à *episteme*, ou conhecimento; a segunda, à *doxa* (crença ou opinião).

Na linguagem, a noção de modalidade pode ser expressa de muitas maneiras: pelos já citados verbos modais e modos verbais, por sufixos (lavá<u>vel</u>, dura<u>douro</u>, vestibul<u>ando</u>) e muitos outros, variáveis de um idioma a outro.

A linguagem (e o pensamento, que não é senão um discurso interior) é uma tentativa de representação da realidade. Portanto, para que esse processo funcione, precisamos ter um objeto, ou dado da realidade (chamado pelos linguistas de *referente*), um sujeito que percebe o objeto e tenta descrevê-lo linguisticamente, e um enunciado (conjunto de signos portador de referência, isto é, que busque dar conta do referente).

O sujeito (nós, seres humanos) contempla a realidade (ou melhor, a pequena parte visível e compreensível dela) através dos filtros de sua biologia e de sua cultura, e constrói um modelo mental dessa realidade por meio dos signos de que dispõe, produzindo enunciados (pensamentos, mensagens, textos).

Como nossa biologia não nos permite perceber o mundo além de certo limite (por exemplo, só as frequências de luz do vermelho ao violeta) e nossa formação cultural, com todos os conceitos e preconceitos que nos foram introjetados ao longo da vida, classifica, divide e exclui arbitrariamente os dados percebidos pelos sentidos a partir do *continuum* do real, o que vemos não é igual ao que é; quando tentamos traduzir o que vemos (ou seja, o que nos parece) em termos linguísticos, ocorre mais uma filtragem: nem tudo o que pensamos podemos expressar (às vezes, a falta de signos para certos fenômenos nos impede até de pensá-los e transformá-los em conceitos). Veja a Figura 2:

Figura 2 – O esquema da comunicação e seus filtros

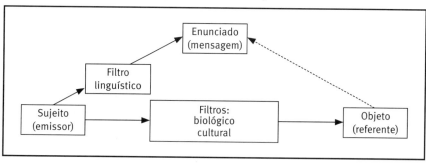

O conhecimento da realidade e sua expressão linguística dependem, portanto, de um sujeito (emissor), um objeto (referente), um código (língua) e uma mensagem (enunciado). É aqui que surge o fenômeno da modalidade.

Em primeiro lugar, o objeto (coisa ou fato, estado ou processo) pode ser real ou hipotético e, em ambos os casos, potencial ou efetivo. Em segundo lugar, o sujeito pode ter sobre esse objeto uma *episteme* (isto é, um conhecimento objetivo, baseado na essência do objeto) ou uma *doxa* (opinião ou julgamento subjetivo, fundado na aparência, isto é, no modo como vê o objeto). A *episteme* corresponde à certeza (eu sei que a Terra é redonda), a *doxa* à dúvida (eu creio que haja vida após a morte). As diferentes modalidades podem dizer respeito à natureza do objeto ou à atitude do sujeito.

Se digo *Pedro trabalha*, isso é objetivo, pois refere-se a um fato real e efetivo. Já *Pedro pode trabalhar* significa que Pedro tem competência e condições físicas para trabalhar, mas não necessariamente o faz. Aqui, a modalidade potencial está no objeto.

Se digo *Pedro pode estar trabalhando neste momento*, o trabalho dele é efetivo (ou está ou não está trabalhando), a minha postura diante desse fato é que é de dúvida (não sei se ele está de fato trabalhando).

Vemos assim que um verbo modal como *poder* indica mais do que potencialidade do objeto: pode indicar também o aspecto modal do sujeito enunciador.

Como só podemos conhecer a realidade por meio de filtros, seria válido opor o argumento de que toda afirmação sobre o real é uma *doxa*, que o objeto em si é inatingível pelo sujeito e que toda representação simbólica é falha.

Mas a língua não é um sistema filosófico, portanto as modalidades linguísticas operam sobre dúvidas ou certezas tais quais nós mesmos as entendemos. Se o mundo é uma ilusão, isso é um problema ontológico, não linguístico.

Por essa razão, as línguas têm dispositivos para expressar tanto as modalidades da certeza quanto da dúvida, da essência e da aparência, da potência e do ato. Só que, em virtude da filtragem imposta por cada código, cada idioma expressa essas modalidades de maneira diferente.

Em latim, o modo subjuntivo do verbo não serve apenas para indicar uma situação logicamente dependente de outra (por exemplo, a ação expressa pela oração subordinada em relação à expressa pela oração principal), mas um verbo no subjuntivo na oração principal indica que se trata de desejo, dever, suposição (como quando, em português, empregamos o subjuntivo ao lado de *talvez*: *Talvez ele venha*).

Em tupi, a modalidade não afeta só o verbo, mas também o nome: *ybyrapwera* (que deu o nosso *Ibirapuera*) é "que foi madeira e não é mais, ex-madeira", isto é, "pau podre"; *abaeté* é "homem de verdade, real, efetivo (e, portanto, de valor)"; *tatá rana*, "taturana", significa "que parece fogo (mas não é), falso fogo". A própria metáfora embutida nessas palavras já dá uma ideia de como a língua filtra ideologicamente a realidade.

Palavras, palavras...

O GUARDA-CHUVA DA PALAVRA

Se perguntarmos a qualquer pessoa o que é uma palavra, a resposta parecerá intuitiva. Afinal, a língua é feita de palavras e é com elas que pensamos e nos comunicamos. Basta dizer que as línguas são consideradas linguagens verbais porque *verbum* em latim quer dizer "palavra".

No entanto, a palavra é, de todas as unidades linguísticas, a mais difícil de definir. Dentro de uma palavra, é relativamente fácil reconhecer os morfemas – onde termina um prefixo e começa um radical, onde termina o radical e começa um sufixo –, assim como é fácil delimitar as orações de um período, as frases de um parágrafo, e assim por diante. Mas tudo se complica quando temos de estabelecer as fronteiras entre as palavras.

Um primeiro critério de delimitação é o dos brancos gráficos: palavra seria toda sequência de letras isolada entre dois espaços em branco (esse é o critério que os processadores de texto utilizam para contar as "palavras" de um texto). No entanto, esse critério é extremamente falho. Primeiro, a maior parte das línguas do mundo não tem expressão escrita ou não tem escrita alfabética. Portanto, esse critério funcionaria para o português e o grego, mas não para o chinês ou o maori. Segundo, esse critério depende das regras ortográficas em vigor, as quais são fixadas de forma muito arbitrária (por exemplo, a recente reforma na ortografia do português transformou *dia-a-dia* em *dia a dia*: o que era uma palavra agora são três?). Ao mesmo tempo, sequências de letras como *ao*, *pela*, *num*, *daquele*, são contrações de duas palavras: *a + o*, *por + a* etc. Temos ainda situações como *dar-te* e *falando-lhe*, em que ninguém duvida tratar-se de verbo e pronome unidos por hífen.[3]

Abandonando esse critério, tentou-se definir palavra como toda sequência de fonemas dotada de um acento tônico. O problema é que há palavras com dois acentos tônicos (*automaticamente* tem acentos em *ma* e *men*) e palavras sem nenhum, como os monossílabos átonos *a*, *em*, *te* etc.

Segundo o critério morfossintático de Leonard Bloomfield, a palavra seria qualquer forma livre mínima, capaz de aparecer sozinha ou de formar uma frase. Assim, *fogo* seria uma palavra, pois atende a ambas as condições, mas *-inho*, sufixo diminutivo, não seria, pois não atende a nenhuma. Só que os artigos e as preposições não atendem a essas condições e, no entanto, são palavras.

Temos ainda o critério da separabilidade. Uma palavra seria um todo indivisível no enunciado. Por isso, *guarda-chuva* é uma palavra: podemos dizer *guarda-chuva velho*, mas não **guarda velho chuva*. Ao contrário, podemos dizer indiferentemente *lavagem de carros automática* ou *lavagem automática de carros*. Por esse critério, *guarda-chuva* é uma palavra, mas *lavagem de carros* são três. Mas, e *guarda florestal*, é uma ou são duas palavras? Afinal, podemos dizer *guarda florestal experiente*, mas não **guarda experiente florestal*. Inversamente, temos *dar-te-ei*, em que o pronome se insere no meio do verbo.

Enfim, o que parecia simples e óbvio tem-se revelado uma das grandes dores de cabeça dos linguistas. Isso porque outros idiomas apresentam ainda outros problemas. No inglês, grafa-se *may not*, *must not*, mas *cannot*. Obviamente, essa incoerência gráfica não impede que se reconheça neste último o verbo *can* e o advérbio *not*. Há ainda os *phrasal verbs*, como *go out*, *get in* etc., em que a suposta preposição é, na verdade, um afixo posposto e destacado.

Em alemão, há verbos cujo prefixo ora vem anteposto e soldado ao radical, ora separado e distante do verbo (por exemplo, *ich will heute ausgehen*, "quero sair hoje", mas *ich gehe heute aus*, "vou sair hoje").[4]

O alemão apresenta ainda a possibilidade de juntar palavras para formar compostos (às vezes quilométricos) de maneira muito mais livre do que em português. Muitos desses compostos são de uso local e momentâneo e sequer chegam a ser dicionarizados. É o caso de *Produktionsprogramm*, "programa de produção" (uma palavra?), que tem o mesmo status sintático e semântico de *produktives Programm*, "programa produtivo", que são duas.

Para tentar solucionar o impasse, o linguista francês Bernard Pottier substituiu a imprecisa noção de palavra pela de *lexia*. Para ele, lexia é toda unidade memorizada, toda sequência linguística que já temos estocada na memória, seja ela simples (*roupa*), composta (*guarda-roupa*), complexa (*lavagem automática de roupas*) ou textual (*roupa suja se lava em casa*).

Pelo princípio da múltipla articulação, fonemas formam morfemas, que formam palavras, que formam sintagmas,[5] que formam orações, que formam frases, que formam parágrafos, que formam textos ou discursos. Até o nível da palavra, temos inventários fechados (embora novos morfemas ou palavras possam ser introduzidos na língua, no ato de fala o repertório já está dado ao falante e consta nos dicionários); a partir do nível do sintagma, temos inventários abertos. Isso significa que, a cada ato de fala, o número de palavras disponíveis é finito, mas o número de sintagmas, orações e frases que podemos construir tende ao infinito.

O problema é que, com o tempo, alguns sintagmas vão-se petrificando, tornando-se pouco a pouco lexias complexas, a seguir lexias compostas (quando perdem a capacidade de flexão interna e de inserção de elementos) e, finalmente, lexias simples (quando se perde a consciência da composição, como na antiga expressão *filho de algo*, que se transformou em *fidalgo*). Até alguns anos atrás, *aquecimento* e *global* eram duas lexias simples que poderiam entrar em qualquer frase, mas dificilmente apareciam juntas. De repente, a sequência *aquecimento global* se tornou – infelizmente – comum em nossos diálogos e já é uma unidade estocada em nossa memória, isto é, uma lexia complexa.

Mesa e *redonda* eram duas lexias simples que às vezes se encontravam (quando alguém falava sobre uma mesa cujo tampo tem formato circular), mas, num certo momento, passou-se também a usar a expressão *mesa redonda* para falar não do móvel mas de uma reunião de pessoas para discutir assuntos profissionais, a qual costumava ocorrer em volta de uma mesa circular. Ou seja, o uso metonímico fez com que *mesa redonda* se tornasse lexia complexa e, a seguir, composta, passando a ser grafada *mesa-redonda*.

Detectar o momento exato em que uma lexia complexa se transforma em composta (isto é, a passagem do inventário aberto ao fechado) é um dos grandes desafios da linguística. A razão é que em todos os níveis da língua existe subordinação. Apenas em alguns há também coordenação. Na sílaba, as consoantes são subordinadas à vogal; no sintagma, os adjuntos são subordinados ao núcleo; no parágrafo, as frases do desenvolvimento são subordinadas ao tópico frasal. Na palavra, em princípio, os afixos e desinências são subordinados ao radical, mas existem também palavras compostas, que têm dois radicais coordenados.

Como vimos, toda palavra composta começa como complexa, formada de palavras autônomas, cada uma com sua flexão, incluindo a possibilidade de intercalação de elementos. Como as palavras complexas tendem a se firmar no léxico, acabam tornando-se compostas. Foi assim que o inglês *milk man*, "homem do leite", se tornou *milkman*, "leiteiro", com a transformação de *man* em sufixo. A grafia, nesse caso, nem sempre é esclarecedora: *palm tree* poderia, pela mesma lógica, ser grafada *palmtree*, "palmeira". Então, como determinar se *Produktionsprogramm* é uma palavra ou são duas?

A solução para esse impasse parece ser a adoção do chamado critério semiotáxico. (Digo "parece", pois ainda é preciso realizar muitos testes para ver se ele funciona em todos os casos de todos os idiomas. Como em toda ciência experimental, um único contraexemplo joga por terra toda uma teoria.) Segundo esse critério, quando duas lexias simples se encontram num enunciado formando um sintagma, o significado deste é a soma dos significados das lexias. Assim, *mesa redonda* designa um objeto que é, de fato, uma mesa e tem formato redondo. Mas, quando o significado do todo já não é mais a soma dos significados das partes, é sinal de que a lexia complexa se tornou composta. *Mesa-redonda* no sentido de "reunião" não é, na verdade, nem mesa nem redonda. É por isso que, nessa acepção, a lexia ganhou hífen.

Aliás, a recente abolição do hífen em palavras como *dia a dia* e *mão de obra* só serviu para obscurecer a relação entre os constituintes da lexia. Nesse sentido, o critério semiotáxico seria um bom parâmetro para racionalizar seu uso. Infelizmente, os autores das reformas ortográficas nem sempre são versados em linguística ou têm conhecimento de suas teorias.

A CAMUFLAGEM CHAMADA "PALAVRA"

Como vimos na seção anterior, é mesmo grande a dificuldade de conceituar o que seja uma palavra. Como fazemos parte de uma cultura fundada na escrita, temos a tendência de associar a palavra à sua representação gráfica – uma sequência de letras contíguas separada de outras sequências semelhantes por espaços em branco. Diversos estudos, em várias épocas e segundo perspectivas teóricas diferentes, já mostraram a insuficiência e imprecisão dessa abordagem que, dentre outras limitações, só é possível em línguas com expressão escrita – e mais, escrita alfabética. Vejamos a seguir alguns exemplos de por que a grafia é um critério enganoso para essa delimitação.

Em primeiro lugar, línguas diferentes têm morfologia diferente. Certas línguas africanas resumem enunciados inteiros numa única palavra (a chamada palavra-frase) formada pela aglutinação de muitos afixos. Já no chinês, o que se convenciona chamar de palavra é um monossílabo dotado de tom. Embora seja enorme o acervo desses monossílabos, grande parte dos significados só pode ser expresso pela combinação de dois ou mais deles. Essas combinações podem ser consideradas palavras compostas como "guarda-chuva" e "saca-rolhas"? Ou seriam locuções estáveis como "polícia civil" e "tecnologia da informação"? A própria escrita ideográfica chinesa pouco ajuda na solução desse dilema, já que não há indicação de quando dois ideogramas constituem uma ou duas unidades lexicais.

Em segundo lugar, a grafia muda com o passar do tempo. O que até bem pouco tempo atrás era uma palavra composta (*mão-de-obra*) agora são três (*mão de obra*). Apesar disso, as edições do dicionário *Houaiss* posteriores à entrada em vigor do novo acordo ortográfico da língua portuguesa ainda consideram *mão de obra* uma única entrada, assim como *pé de moleque* e *pé-de-meia*. Aliás, estes dois últimos exemplos mostram bem como o critério gráfico de delimitação de palavras é enganoso, já que a ortografia tem muitas incoerências e contradições.

No mesmo dicionário, *cartão magnético* é uma das acepções do verbete *cartão*; já *cartão-postal* é verbete independente. Em princípio, o que distinguiria uma palavra composta de uma locução é que a primeira tem um significado uno, indivisível (dito de outro modo, o significado do todo não é a soma dos significados das partes), como vimos em *mesa-redonda* (reunião), enquanto o significado da segunda é a soma dos significados de seus termos constituintes, como em *mesa redonda* (móvel circular). Só que o cartão-postal (assim, com hífen) é de fato um cartão que se envia pelo correio. Ou seja, o significado de *cartão-postal* é a soma dos significados de *cartão* e *postal*, ao passo que o significado de *mão de obra* não é a soma dos significados de *mão* e *obra*.

A evolução da grafia pode nos pregar peças ou causar embaraço. O que na Idade Média se grafava *fazello* já foi escrito *fazel-o* até 1943 e hoje é *fazê-lo*. Quantas e quais palavras temos aí? Pelo critério puramente gráfico, uma só (pelo menos é assim que o processador de textos mais famoso que existe conta palavras). Claro que o reconhecimento de duas classes gramaticais concomitantes (verbo e pronome pessoal) nos leva a considerar a existência de duas palavras, *fazer* e *o*. Mas, a julgar pela grafia, essas duas palavras já tiveram as variantes *fazel* e *fazê*, *lo* e *o*. Será que a simples mudança ortográfica autoriza uma mudança na segmentação das unidades léxicas e a consequente postulação de diferentes variantes morfológicas?

Por falar em Idade Média, naquele período não havia grafia oficial, de modo que os escribas e copistas (lembre-se de que os livros eram manuscritos) adotavam critérios pessoais, ou os da região ou mosteiro em que viviam, e por vezes grafavam a mesma palavra de diversos modos na mesma obra (às vezes na mesma página!).

Num trecho como "por tanto ordenamos & mandamos que daquy auãte todollos ornamentosdequalquer ygreia que velhos & muito antigos forem", temos *por tanto* onde hoje teríamos *portanto*, *todollos* no lugar de *todos os* e a justaposição *ornamentosdequalquer*, fruto tanto da falta de espaço (o papel era muito caro e não podia ser desperdiçado com espaços em branco) quanto da falta de estudo. Em compensação, *daquy* (isto é, *daqui*) eram, e ainda são, duas palavras (*de* e *aqui*), malgrado a contração que as une.

Em textos medievais, ainda encontramos coisas como *7bro*, que quer dizer *setembro*, o que não é muito diferente do moderníssimo *metro-5-imidazol*. Essas "palavras" são quase um rébus.

Em alemão, como vimos, há verbos com prefixo destacável. Assim, *gehe aus* é a primeira pessoa do singular do presente do indicativo do verbo *ausgehen*, que quer dizer "sair" (literalmente, "ir para fora"). O que temos aqui: uma palavra simples prefixada, uma palavra composta ou uma locução? Se *ausgehen* é uma entrada no dicionário de alemão, por que seu cognato inglês *go out* é acepção de *go*? Isso sem esquecer que o alemão é famoso por suas infinitas possibilidades de juntar palavras para formar segmentos quilométricos, a maioria dos quais não está dicionarizada nem é dicionarizável, já que se trata de criações efêmeras, dificilmente repetidas. Esses paquidermes linguísticos são palavras ou locuções?

Ironicamente, a língua se define como linguagem verbal, isto é, feita de palavras. E, no entanto, aquilo que melhor a define e a distingue das outras formas de comunicação é justamente aquilo que nem linguistas nem gramáticos conseguem definir com precisão.

É JUNTO OU SEPARADO?

De todos os aspectos da grafia do português, o que causa mais embaraço é o uso do hífen. Mesmo sem levar em conta as incoerências do nosso sistema ortográfico (tanto o novo quanto o antigo), o fato é que o hífen costuma ser de uso difícil e arbitrário em quase todas as línguas que o adotam. Mas por que isso é assim?

O hífen se usa basicamente em palavras compostas (basicamente, porque temos casos como *amá-lo* e *dê-me*, em que o hífen une palavras independentes das quais uma não tem autonomia prosódica, por ser sempre átona).

Quando duas palavras simples se unem definitivamente para formar uma composta, isso costuma ser indicado na grafia de duas maneiras: pela justaposição pura e simples (*parapeito, girassol*) ou pela união com hífen (*guarda-chuva, bem-aventurado*).

No entanto, determinar quando se está de fato diante de uma palavra composta e não de duas palavras simples não é tão fácil assim, especialmente quando a composição está em sua fase inicial (palavras compostas de formação recente).

Isso porque, como vimos na seção "O guarda-chuva da palavra", as unidades combinatórias de que a língua dispõe para formar seus enunciados constituem dois tipos de inventários: os fechados, que contêm um número finito e muitas vezes imutável de unidades (como fonemas, afixos, desinências); e os abertos, formados de elementos altamente instáveis, não raro irrepetíveis, cuja quantidade tende ao infinito (sintagmas, orações, frases, parágrafos e textos).

As palavras se localizam bem na fronteira entre esses dois tipos de inventários. São em quantidade finita, mas estamos sempre agregando novos termos ao vocabulário, e muitas palavras (as compostas) surgem da combinação de outras palavras. Dito de outra maneira, as palavras estão no limite entre a morfologia, que é fechada, e a sintaxe, que é aberta.

A composição é, em geral, um lento processo que começa pelo encontro eventual de duas lexias simples (por exemplo, a primeira vez que alguém combinou numa frase as lexias *aquecimento* e *global*).

A repetição sistemática dessa combinação faz dela uma unidade memorizada, mas cujos constituintes ainda são sintaticamente autônomos – por exemplo, posso flexionar no plural (*aquecimentos globais*) ou intercalar outros elementos (*aquecimento não global*). Trata-se da lexia complexa.

Com o passar do tempo, os constituintes de algumas dessas lexias perdem a autonomia sintática: é então que a lexia passa de complexa a composta.

Como vimos anteriormente, um bom método para determinar se uma lexia é composta ou complexa é o critério semiotáxico. Por meio dele, é possível provar que *pé-de-meia* (dinheiro poupado) é lexia composta e *pé de meia* (peça de vestuário) é complexa. Também é possível provar que *cartão-postal*, a despeito da presença do hífen, é complexa e não composta.

Apesar desse intrincado processo de composição, algumas palavras já nascem compostas. É o caso de *social-democrata* e *greco-romano*. Há também palavras cuja noção de composição se perdeu porque alguns de seus constituintes sofreram mutação fonética radical, como o já citado caso de *fidalgo*.

Em resumo, se uma palavra é composta (o que, em alguns casos, é difícil de determinar com precisão), deveria ser grafada com hífen ou justaposição; se é complexa, seus constituintes deveriam vir separados por espaços. Resta saber quando empregar o hífen ou a justaposição. O português tem uma série de regras, algumas bem complicadas e pouco lógicas, sobre essa questão. Mais simples nesse tocante é o alemão, que justapõe sempre e dispensa o hífen.

O CIMENTO DO TEXTO

Há dois tipos de palavras: as lexicais, ou palavras "cheias", e as gramaticais, ou "vazias". Palavras lexicais são aquelas que apontam para fora da língua, isto é, representam o mundo à nossa volta, nos permitem pensar a realidade e dar conta da nossa própria vivência. Já as palavras gramaticais apontam para dentro da língua, são meras ferramentas na formação de frases e textos. Se as palavras cheias são os tijolos do discurso, as vazias são o cimento.

Palavras lexicais expressam conceitos, "coisas" que podemos pensar, os quais o psicólogo alemão Karl Bühler dividiu em objetos, processos e atributos (*grosso modo*, essas três categorias correspondem ao que a maioria das línguas chama de substantivos, verbos e adjetivos). Esses conceitos podem ser fenômenos da natureza (montanha, chover), artefatos humanos (automóvel, escrever), fatos sociais (festa, greve, votar) ou psíquicos (felicidade, hipotenusa). Palavras lexicais são a alma dos dicionários.

Já as palavras gramaticais são a razão de ser das gramáticas. Elas cumprem certas funções sem as quais é impossível falar (de nada adianta conhecer milhares de palavras e não ser capaz de formar frases). Palavras vazias nada significam em termos de pensamento, apenas agem sobre as palavras cheias como conectores (preposições, conjunções) determinadores (artigos, demonstrativos), substitutos (pronomes) etc.

Estudos científicos aprofundados sobre línguas pré-históricas, o funcionamento do cérebro e a aquisição da linguagem pela criança parecem indicar que, primitivamente, o ser humano usava muito poucas palavras gramaticais. A exceção era talvez um ou outro pronome pessoal ou demonstrativo (nos primórdios da linguagem talvez nem isso). Muitos idiomas ainda hoje dispensam artigos, preposições e conjunções – aliás, o estilo telegráfico, por economia, também faz isso.

No entanto, pouco a pouco foram surgindo na língua essas palavras e também outros elementos gramaticais, como os afixos e as desinências. Acredita-se que grande parte, se não a totalidade, desses elementos eram originalmente palavras lexicais que, com o tempo, se gramaticalizaram, isto é, tornaram-se elos entre outras palavras ou mesmo parte integrante delas. Exemplos visíveis em português são adjetivos como *conforme* ou *segundo*, que funcionam como conjunções, ou locuções como *em relação a*, que exercem o papel de preposições, e ainda sufixos como *-mente* (de *totalmente*), que nada mais é que o substantivo *mente*, o qual em latim também significava "modo, maneira". Exemplo semelhante é o do inglês *man*, que significa "homem", mas atua como sufixo formador de profissões em palavras como *milkman* (leiteiro = homem do leite), *postman* (carteiro = homem do correio) etc.

Muitos elementos de composição de origem grega, como *arqui-*, *paleo-*, *-logia*, *-grafia*, expressam conceitos lexicais muito claros ("grande", "antigo", "discurso", "descrição"), mas não são palavras autônomas (por isso são também chamados de semipalavras). Em grego, eram palavras cheias que formavam compostos; esses compostos foram importados pelo português sem que cada um de seus componentes fosse uma palavra em nossa língua. Neste caso, a gramaticalização não se deu nem em grego nem em português, mas na passagem de um idioma ao outro.

Como a gramaticalização transforma progressivamente palavras cheias em vazias, tem-se em qualquer fase histórica de uma língua palavras que ainda não se tornaram totalmente gramaticais, guardando certos resquícios de lexicalidade, como, por exemplo, a possibilidade de ser flexionadas. E isso gera certos impasses na análise linguística. Na frase *Há três anos (que) não o vejo*, *há* é verbo ou preposição? De um lado, *há* permite flexão de tempo (*Havia três anos que não o via*) e comuta com *faz*; de outro, comuta com preposições: *Não o tenho visto <u>por</u> três anos*, *<u>De</u> três anos <u>para</u> cá não o vejo*. (Em italiano e alemão, a mesma construção utiliza respectivamente as preposições *da* e *seit*, "desde": <u>*Da*</u> *tre anni non lo vedo*, <u>*Seit*</u> *drei Jahren habe ich ihn nicht gesehen*.) Se *há* é verbo, então o período é composto por subordinação, em que *há três anos* é a oração principal e *que não o vejo* é a subordinada. Mas também é possível considerar que o período é simples e que *há três anos* é adjunto adverbial de tempo; logo, *há* seria uma preposição?

Outro caso curioso é o de *seja... seja*, que equivale a *ou... ou*, *quer... quer*. Na frase *O importante é que a criança leia, sejam livros, sejam gibis*, *sejam* concorda com seu suposto sujeito, *livros*, *gibis*. Já *quer* não concorda (*O importante é que a criança leia, quer livros, quer gibis*), talvez porque aqui *livros* e *gibis* sejam objetos e não sujeitos, e o sujeito de *quer* esteja oculto (mas, nesse caso, quem quer?). Finalmente, se a frase for *O importante é que a criança leia ou livros ou gibis*, a concordância é impossível, pois *ou* é conjunção alternativa, e conjunções não se flexionam.

Como a língua é viva, móvel, dinâmica, nenhum elemento permanece estático numa única função. Se o papel da ciência é classificar e, portanto, distribuir em categorias estanques entidades multifacetadas, fica claro que nenhum modelo teórico, seja ele histórico, estrutural, funcional, gerativo ou qualquer outro, pode dar conta perfeitamente das particularidades de seu objeto. Se hoje há na língua palavras inequivocamente lexicais e outras inequivocamente gramaticais, há uma zona nebulosa entre ambas que desafia os linguistas e embaraça os professores.

A DESMONTAGEM DOS VOCÁBULOS

De que são feitas as palavras? Como se criam novos vocábulos (os chamados neologismos) para denominar novos conceitos ou renomear os já existentes?

A todo momento, ocorrem na vida dos falantes de uma língua experiências que exigem a adoção de novas palavras para dar conta delas. Paralelamente, coisas ou fatos sociais já conhecidos podem receber novos nomes, pelas mais diversas razões, seja porque o nome antigo adquiriu conotações arcaicas ou pejorativas, seja para acentuar a posição social do falante (as gírias são um bom exemplo disso), seja ainda por influência estrangeira (o nosso vocábulo vernáculo *mosteiro* está sendo progressivamente substituído pelo latinizado *monastério*, provavelmente por força das traduções a partir do inglês *monastery*).

Seja qual for a razão para criar novas palavras, há quatro processos que permitem fazer isso e, portanto, quatro tipos de neologismos numa língua: o fonológico, o morfológico (ou sintagmático), o semântico e o alogenético.

O neologismo fonológico é aquele em que a palavra surge de uma combinação inédita de fonemas, não procedente de nenhuma palavra já existente na língua, como em *chinfrim*, *zureta* e *poperô*, ou nas onomatopeias (*tique-taque*, *miau* etc.).

O neologismo morfológico resulta de dois processos básicos: composição (*puxar* + *saco* = *puxa-saco*, *perna* + *longa* = *pernilongo*) e derivação (*cera* → *encerar* → *enceradeira*, *farofa* → *farofeiro*).

O neologismo semântico surge da atribuição de um novo significado a uma palavra já existente. Por exemplo, já havia em português a palavra *presunto* para designar um tipo de alimento quando a gíria dos marginais passou a usar o termo com o significado de "cadáver". Igualmente, *arrasar*, que sempre significou "destruir", passou a ter também o sentido de "fazer sucesso".

Finalmente, o neologismo alogenético, também chamado de empréstimo, é a importação, com ou sem adaptação fonética ou gráfica, de palavras estrangeiras: *futebol, abacaxi, pizza, bonbonnière*.

O que nos interessa aqui é discutir a formação de palavras pelo processo morfológico, isto é, por composição ou derivação. Para compreender a estrutura de um vocábulo, faz-se normalmente a chamada análise morfológica (ou mórfica), que consiste na decomposição da palavra em seus morfemas, ou unidades mínimas dotadas de significado. Algo como desmontar a palavra, num caminho inverso àquele pelo qual ela foi construída.[6] Para isso, recorre-se à comparação com outras palavras que tenham elementos comuns, por meio de oposições binárias. Assim, ao confrontar *leiteiro* e *sapateiro*, é possível depreender o sufixo *-eiro*, designativo de profissão. Ao mesmo tempo, comparando-se essas palavras com *leiteria, aleitamento, sapatão, sapataria*, podem-se reconhecer as raízes *leite* e *sapato*, das quais *leiteiro* e *sapateiro* derivam por sufixação.

Se comparo a palavra *menininhas* com o singular *menininha*, abstraio o morfema *-s*, indicativo do plural. Confrontando agora *menininha* com *menininho*, deduzo o morfema *-a* do gênero feminino. Se oponho *menininho* a *menino*, obtenho o sufixo diminutivo *-inh-*. O que sobra é o radical *menin-*, que entra na formação de palavras como *menino, menina, menininho, meninote, meninice, meninada*, e que não pode ser dividido em partes menores ainda dotadas de significado.

Cabem aqui algumas observações. Em primeiro lugar, nem todo morfema tem vida autônoma na língua. Enquanto *menino* e seus derivados (*menininho, meninote* etc.) são palavras da língua portuguesa,

-inh- e -s não são, e só podem ser encontrados combinados a outros morfemas dentro das palavras.

Em segundo lugar, quando um morfema, ainda que tenha existência autônoma, se combina com outro para formar uma nova palavra, ele pode sofrer mutação. Por exemplo, para fazer o plural de *casa*, acrescenta-se o morfema *-s* e obtém-se *casas*. Já o plural de *cão* é *cães*, e o plural de *sal* é *sais*. Ou seja, os morfemas *cão* e *sal* sofrem mutação para *cãe-* e *sai-*, respectivamente, ao serem combinados com o morfema *-s*. Essas formas mutantes de um morfema são chamadas alomorfes.[7]

Pois agora vem agora a parte mais complexa do problema: determinar quais são os elementos mínimos de uma palavra ainda portadores de significado. Isso porque existe uma diferença entre a interpretação diacrônica, que leva em conta a história da palavra, e a sincrônica, que toma a língua em seu momento atual, sem nenhuma consideração de natureza histórica. A primeira perspectiva considera as palavras do ponto de vista de sua formação. Já a segunda analisa o modo como as palavras são interpretadas pelos chamados falantes ingênuos (isto é, que não são estudiosos da linguagem e, portanto, não têm conhecimentos técnicos sobre a história ou a mecânica do idioma).

Desse modo, palavras como *perceber*, *conceber* e *receber* não podem ser decompostas numa análise estritamente sincrônica, visto que *-ceber* não significa nada em português. No entanto, todos sabem que *per-*, *con-* e *re-* são prefixos. Mais ainda, sente-se claramente a comutação entre tais prefixos e a manutenção de um radical comum quando se passa de um desses verbos aos demais.

Historicamente, essas palavras provêm do latim *percipere*, *concipere* e *recipere*, todos derivados do verbo *capere*, "pegar, tomar", mediante o seu alomorfe combinatório *-cipere*. Os prefixos permaneceram como tais em português, mas o elemento *-cipere*, que a evolução fonética transformou em *-ceber*, tornou-se obscuro.

Do mesmo modo, sabemos que *noite* e *escuro* produziram respectivamente *anoitecer* e *escurecer*. Pode-se então deduzir daí a existência de um sufixo *-ecer* que indica processo. Ora, em *oferecer* e *aparecer*, é razoável fazer as decomposições *ofer-* + *-ecer*, *apar-* + *-ecer*? A questão é: *ofer-* e *apar-* têm significado autônomo em português? Afinal, *ofer-* ocorre em *oferta, ofertar*, e *apar-* ocorre em *aparência, aparente*. Além disso, poderíamos analisar *apar-* como *a-* + *par-* (de *parecer, comparecer*), ou deveríamos analisar *aparecer* como *a-* + *parecer*, sendo este último indecomponível? Para complicar ainda um pouco mais as coisas, lembremos que *ofer-* provém do latim *offerre*, resultante da anteposição do prefixo *ob-* ao verbo *ferre* (radical verbal *fer-*, "levar, trazer"), e este ocorre em *aferir, conferir, preferir, proferir, sofrer* (por meio da variante *fr-*), dentre outros.

Em resumo, é mais fácil criar palavras do que analisá-las. Não apenas porque a etimologia nem sempre é evidente (e as pesquisas etimológicas, por mais sofisticados que sejam os seus métodos, nem sempre são conclusivas), como também porque, segundo vimos em "Objetos e pontos de vista", as perspectivas sincrônica e diacrônica, sempre presentes na língua, por vezes oferecem interpretações diferentes. Isso se deve ao fato de que a língua é o resultado do equilíbrio instável e fugaz entre conservação e mudança, permanência e ruptura. A língua que falamos hoje é um estado momentâneo e transitório de um movimento incessante de mudança chamado evolução.

MUDANÇA DE ENDEREÇO

De tempos em tempos ressurgem discursos inflamados defendendo a preservação da pureza das línguas e das culturas (para não falar da pureza racial, que é o que todos conhecemos como racismo). Em nome desse ideal, tenta-se manter os povos nativos em estado de isolamento cultural, privando-os do acesso aos bens e conquistas da nossa civilização – o que, na prática, os reduz a cidadãos de segunda classe –, ou então procura-se proteger a língua das "invasões bárbaras" representadas pelos estrangeirismos. Essa crença na existência de raças, culturas e línguas sem mistura é fruto do desconhecimento dos próprios mecanismos da evolução humana. Afinal, a ciência mostra que, desde os primórdios da humanidade, a miscigenação é regra e não exceção.

Mesmo sociedades ditas primitivas, que parecem ter-se desenvolvido isoladas, nunca estiveram imunes à troca de bens materiais e culturais.

Foi assim que o arco e flecha, a cerâmica, a agricultura, a metalurgia, a roda, chegaram a povos muito distantes daqueles que os criaram.

Da mesma forma, os empréstimos linguísticos, sobretudo de palavras, são muito mais frequentes do que supõem (ou gostariam) os puristas. É que muitas de nossas palavras não são sentidas como empréstimos porque seu caráter estrangeiro está mascarado pela grafia ou tradução de morfemas, o chamado decalque.

Mas por que importamos palavras? Pela mesma razão por que importamos objetos, ideias e práticas. Junto com a coisa vem o nome. Seja uma fruta ou comida exótica como o kiwi ou o sushi, seja um artefato tecnológico como um laptop ou um telefone celular, seja um fenômeno ou ideologia (o liberalismo, o budismo, a ioga, a globalização). Algumas línguas altamente cosmopolitas, como o inglês e o francês, importam e exportam palavras com grande desenvoltura. Isso porque a França e a Inglaterra (e mais modernamente os Estados Unidos) sempre foram centros de inovação técnica e cultural e nações colonialistas, que mantiveram contatos com povos de todas as partes do mundo. Mas nem mesmo países pouco inovadores e refratários à influência externa escapam ao intercâmbio linguístico-cultural.

O empréstimo, de palavras e coisas, deveria chamar-se apropriação. Pois trata-se de empréstimo a fundo perdido e sem consulta prévia ao cedente. Manuel Said Ali, em *Dificuldades da língua portuguesa*, diz: "Para designar as contribuições adventícias com que se aumenta o léxico de um idioma, servem-se os linguistas de um termo de extraordinária polidez: 'empréstimos', *emprunts* (francês), *loan-words* (inglês), *Lehnwörter* (alemão). Empréstimos que nunca se restituem; dívidas que jamais se resgatam, salvo com outro empréstimo. Na linguagem faz-se isto sem cerimônia. Não se propõe nem se pede. Tira-se."

Como ocorre o empréstimo

A importação de um vocábulo se dá sempre em etapas. Segundo Louis Guilbert, em *La créativité lexicale* (A criatividade lexical), num primeiro momento, o termo estrangeiro é introduzido num dado ato de fala em referência a um significado próprio à língua estrangeira. É o que ele chama de *xenismo*, isto é, termo que permanece estrangeiro. Nessa categoria entram os nomes próprios de pessoas, rios, cidades e todas as palavras que exprimem realidades sem correspondente na língua do falante.

O empréstimo propriamente dito se inicia no momento em que se introduz na sociedade o objeto ou conceito designado inicialmente na língua estrangeira, junto com o termo que o designa, ou quando os falantes recorrem ao termo estrangeiro em referência a um significado que já tenha denominação própria em sua língua. A essa nova situação, em que a palavra ainda conserva seu caráter estrangeiro, mas já se incorporou aos hábitos linguísticos dos falantes, Guilbert dá o nome de *peregrinismo*. Segundo ele, o empréstimo se consolida quando, dada a generalização de seu uso, a palavra se integra de tal modo ao léxico que não é mais sequer percebida como estrangeira (exceto, às vezes, por uma grafia estranha ao sistema ortográfico). Esse é o caso de *abacaxi*, *futebol* e *software*.

Em muitas línguas, os xenismos são grafados com caracteres itálicos. Já os peregrinismos têm diferentes tratamentos conforme o idioma. O francês e o inglês, que têm ortografias bastante flexíveis, em geral não exigem a adaptação gráfica dos empréstimos. Por isso, temos em francês *wagon*, "vagão", e *stocker*, "estocar", assim mesmo, com *k* e *w*, embora essas letras não sejam usuais em francês. Do mesmo modo, o inglês tem *façade*, "fachada" (com ç), *fête*, "festa" (com circunflexo) e *naïve*, "ingênuo" (com trema). Tais termos nunca são grafados em itálico, o que indica a convivência pacífica de grafias de diferentes origens.

Até um idioma tão "nacionalista" como o italiano traz *biberon*, *clic*, *computer*, *mouse*, *festival*, *terminal*, *bus*, *club*, *leader*, *standard*, *consumer*, *partner*, *baseball*, *est*, *ovest*, *nord*, *sud*, grafadas sem itálico. Ou seja, palavras efetivamente incorporadas ao italiano. Termos alemães de procedência estrangeira geralmente conservam a grafia original e tampouco são grafados em itálico.

E o português?

Nossas gramáticas exigem o itálico em todas as palavras de grafia estrangeira, não importa o quanto elas sejam frequentes em português ou o quanto já estejam aclimatadas em nosso idioma.[8] Por vezes, recomendam até o aportuguesamento da grafia ou o decalque com elementos vernáculos, como fazia Castro Lopes, criador dos termos *ludopédio* (futebol) e *convescote* (piquenique).

As tentativas de tradução dos estrangeirismos geralmente fracassam porque as pessoas resistem em substituir uma palavra já consagrada pelo uso, ainda que estrangeira, por outra, criada artificialmente, ou porque esses decalques simplesmente soam pedantes e ridículos demais (como chamar *chofer* de *cinesíforo*). Isso sem falar que os vocábulos propostos são igualmente estrangeiros, apenas são greco-latinos e não franceses ou ingleses.

Já o aportuguesamento é algo que deve ocorrer naturalmente, como se deu com *futebol* e *buquê*, e não de modo forçado, o que leva a formas igualmente artificiais, como *garção* e *acordeão*.

Quanto a pôr em itálico palavras de origem estrangeira, mesmo as de uso corrente, regra que, como vimos, é desconsiderada pela maioria das línguas, cabe a pergunta: se "*pop*" e "*rock*" devem assim ser grafadas, então por que não se faz o mesmo com "tango" e "rumba", igualmente estrangeiras? Só porque terminam em vogal? Só porque não contêm *k*, *w* nem *y*? Se fosse assim, até "quilowatt" deveria ser escrita em itálico. (Em Portugal há o estranhíssimo "quilovátio".)

Enfim, a nacionalização forçada de estrangeirismos, além de revelar xenofobia e ignorância da dinâmica das línguas, ainda produz situações estranhas como chamar *site* de *sítio* (que no Brasil é uma pequena propriedade rural) ou grafar *saite*, na contramão das outras línguas.

Em todo caso, há no Quadro 4 uma pequena lista de sugestões de adaptação ortográfica de palavras portuguesas (sim, portuguesas!) de origem estrangeira que ainda mantêm a grafia original. O leitor tire suas próprias conclusões.

Quadro 4

Estátus	*Frilâncer*
Habitate	*Xópim* (ou *xópim-cênter*)
Déficite	*Márquetim*
Córpus	*Rotedogue*
Frissom (ou *frissão*)	*Milquexeique*
Pretaportê	*Sândei*
Misancene	*Suxi*
Esprei	*Saximi*
Cúper	*Iaquiçoba*
Púdol	*Pitça*
Internete	*Alitche*
Uebe	*Caputchino* (ou *caputino*)
Videogueime	*Quetchupe* (ou *quetexupe*)
Eslaide	*Rendebol*
Mause	*Paragláider*
Pendraive	*Djins* (ou *jins*)
Lepetope	*Djez* (ou *jaz*)
Noutebuque	*Pope*
Blutufe	*Roque* (ou *roquenrol*)
Autedor (ou *audor*)	*Fanque*
Espote	*Ripe-rope*
Disáine	*Répi-áuer*

PALAVRAS QUE VÃO E VOLTAM

Palavras não têm fronteiras. Por isso, são inúteis as iniciativas de certos puristas em combater os estrangeirismos. Primeiro, porque eles entram em nossa língua sem pedir licença, e, depois que entraram, é quase impossível pô-los para fora. Segundo, porque, salvo no caso de modismos inconsequentes, quando importamos uma palavra é porque, no fundo, precisamos dela. (Como traduzir *vernissage* ou *coaching* para o português? Alguém tem alguma ideia?) Em terceiro lugar, não fossem os termos emprestados de outros idiomas, nosso léxico estaria no patamar das 1.000 palavras das línguas de povos primitivos.

Mas o fato mais importante é que muitas vezes se reclama da invasão estrangeira sem razão. Um pouco de conhecimento etimológico (o verdadeiro, não o de almanaque) lançaria luz nesse embate infrutífero. Por exemplo, condenam-se *acessar* ou *deletar* como anglicismos quando a origem desses vocábulos está no latim *accessum* e *deletum*. Pior ainda quando os formadores de opinião condenam por estrangeira uma palavra que é originalmente vernácula.

Os termos franceses *sport*, *tennis*, *performance*, *pudding*, *budget*, *interchanger* e *interview* parecem anglicismos, não? E, de certo modo, são, afinal o francês os importou do inglês entre os séculos XVII e XIX. Mas como eles surgiram no inglês? É aí que vem a grande surpresa: tais vocábulos foram tomados de empréstimo ao francês!

Na Idade Média, era a língua dos francos e não a dos bretões que dominava a Europa. E tal influência fez com que os verbos *esporter* ou *desporter*, "distrair", *performer*, "executar", e *entrechanger*, "intercambiar", dentre muitos outros, chegassem ao inglês. Seus derivados *esport/desport*, "distração, recreação", e *performance*, "execução", também aportaram nas ilhas britânicas. Tempos depois, essas palavras caíram em desuso em francês, substituídas por outras. Com a decadência do francês como língua hegemônica e concomitante ascensão do inglês a partir do século XIX, muitos termos ingleses de origem francesa retornaram triunfalmente à sua pátria de origem, não sem receber, aqui e ali, as vaias dos puristas.

Os substantivos *tennis*, *pudding*, *budget* e *interview* também ocultam numa grafia exótica os antigos vocábulos franceses *tenez*, *boudin*, *bougette* e *entrevue* (hoje, *entrevue* é entrevista de emprego e *interview* é entrevista jornalística). Até os populares *tablets*, assim chamados na França, remetem à antiga palavra francesa *tablette*, "tabuleta".

Esse fenômeno do retorno de uma palavra à própria língua, séculos depois, numa roupagem estrangeira, é o que se chama tecnicamente de retroviagem ou retroversão. Em princípio, qualquer língua pode dar e depois tomar de volta suas palavras. Mas isso é mais comum entre idiomas que são ou foram grandes exportadores de palavras – isto é, línguas de países política, econômica ou culturalmente hegemônicos. A retroversão se dá, em geral, quando uma nova potência hegemônica desponta.

E os "bons filhos" do português, também a casa tornam? Hoje nossa língua é muito mais importadora do que exportadora de vocábulos. Mas durante os áureos tempos do Império português, muitas de nossas palavras foram disseminadas pelos quatro cantos, como, por exemplo, o indonésio *sepatu*, "sapato", o malaio *keju*, "queijo", e o swahili *meza*, "mesa". Dizem até que o japonês *arigatô* proviria de *obrigado*, mas é pouco provável.

Algumas dessas palavras voltaram ao português. Quem hoje come uma tempura (ou tempurá) de legumes está na verdade comendo um prato introduzido no Japão por jesuítas portugueses que, por não consumirem carne vermelha durante a Quaresma (em latim, *ad tempora quadragesimae*), criaram uma receita à base de vegetais e peixes. Em Portugal, há até um prato muito parecido com a tempura, embora também se conjeture que a palavra proveio de *tempero* ou *temperar*, o que tornaria o termo ainda mais vernáculo.

Temos ainda *fetiche*, apontado pelos dicionários como oriundo do francês *fétiche*, o que está correto. Mas *fétiche* nada mais é do que o nosso bom e velho *feitiço*, um tanto quanto amaneirado após uma longa estadia na França. O fetiche era o objeto usado pelos xamãs para lançar um feitiço sobre alguém, como se faz com os bonequinhos de vodu. Daí que de objeto mágico, alvo de veneração e respeito religioso, fetiche passasse a ser qualquer objeto de adoração, especialmente sexual. (Dizem que para muitos homens um carrão esportivo é objeto de fetiche; ou seja, eles ficam "enfeitiçados" pelo automóvel.)

Se os casos de retroviagem não são muito numerosos em português, é provavelmente porque a maioria das línguas que importaram nossos termos não sejam hoje exportadoras de vocábulos. Também não estamos devolvendo, aportuguesadas, palavras estrangeiras que importamos no passado, pois tampouco nós temos exercido grande influência cultural sobre outras nações.

Enfim, antes de condenarmos um estrangeirismo, é bom verificar se não estamos dando um tiro no próprio pé.

ATRAÇÃO PELOS OPOSTOS

Antônimos são palavras que têm significados opostos – pelo menos, segundo a gramática tradicional. Mas o que é o oposto de um significado? Em primeiro lugar, nem toda palavra tem um antônimo (costuma-se dizer que o antônimo de branco é preto, mas qual o antônimo de azul?). Logo, alguns tipos de significado admitem opostos enquanto outros não. O que diferencia um tipo do outro?

Em segundo lugar, o que entendemos exatamente por "oposto"? Sem a clareza do que quer dizer esse termo, a definição de antônimo se torna vaga e subjetiva, como no caso daquele aluno que respondeu à professora que o antônimo de *estudar* é *trabalhar* (e para muitos o antônimo de *trabalhar* é *lecionar*).

Existem dois tipos de oposição: por contrariedade e por contradição. Comecemos por este último: contraditórios são dois termos ou duas proposições que diferem apenas pela presença da negação em uma delas, como em *aberto* x *fechado* (isto é, *não aberto*) ou *hoje é domingo* x *hoje não é domingo*. O contraditório se define por ser o que o outro não é. Nesse sentido, tudo admite um contraditório, mesmo que não haja uma palavra na língua para nomeá-lo. Por exemplo, o contraditório de *azul* é *não azul* (portanto, de qualquer outra cor), o contraditório de *estudar* é *não estudar*, e assim por diante. Contraditórios são como os valores 0 e 1 da álgebra booleana, usada na eletrônica digital.

Já os contrários são as duas posições extremas de uma gradação, o 0 e o 1 de uma escala que admite um sem-número de valores intermediários. Como não há intermediário possível entre *aberto* e *fechado* (segundo a regra lógica da exclusão de terceiro, uma porta ou está aberta ou está fechada, sem qualquer outra possibilidade), o contrário é o próprio contraditório. Já entre o alto e o baixo há o mediano, assim como entre o branco e o preto há bem mais que 50 tons de cinza.

Em relação a atributos, só pode haver antonímia se a qualidade expressa for quantificável (por exemplo, os pares opositivos bom/mau, grande/pequeno, muito/pouco, claro/escuro etc., podem ser convertidos numa nota de zero a dez em relação aos quesitos "qualidade", "tamanho", "quantidade", "luminosidade", e assim por diante).

Já com respeito a ações que fazem um sujeito passar de um estado a outro, o antônimo é a palavra que expressa a ação inversa. Assim, se nascer é passar do estado não vivo ao estado vivo, o inverso, ou seja, passar de vivo a não vivo, é morrer. Quando não temos ação, mas apenas um estado, o antônimo é um contraditório: sono (no sentido de "estado de quem dorme") x vigília, sono ("vontade de dormir") x insônia.

Somente de posse de uma compreensão rigorosa do que seja o "oposto" (contrário ou contraditório) de um significado é que podemos compreender por que o antônimo de *Deus* não é *Diabo* (a não ser numa interpretação teológica subjetiva, em que Deus é associado ao bem e ao amor, e o Diabo ao mal e ao ódio, interpretação esta que não está implicada na própria semântica da língua), mas *Deus*, assim como *cadeira*, não tem antônimo. Isso explica também por que *trabalhar* não é antônimo de *estudar* (nem de *lecionar*).

Há uma diferença entre palavra e significado: em certos casos, pode existir o conceito e não a palavra: em francês, por exemplo, *barato* se diz *pas cher*, isto é, "não caro".[9] Em português, sabemos que algo não caro não é necessariamente barato.

O fato é que temos uma certa atração pelos opostos, por isso buscamos a todo custo estabelecer dualidades, pares opositivos, como se tudo tivesse seu contrário, e muitas vezes nos esquecemos do meio-termo, do neutro, do nem um nem outro. E, ao sabor de nossa visão particular de mundo, opomos polícia a bandido, trabalhador a vagabundo (ou a burguês, se formos marxistas), cristão a judeu, humano a animal... E, com base nessas falsas oposições, praticamos nossa política de exclusão.

VIAJANDO NA HISTÓRIA DAS PALAVRAS

Etimologia é a ciência que estuda a história das palavras, desde sua origem, por vezes num passado distante e em língua outra que não a nossa, passando por todas as mudanças de forma e de sentido que sofreram ao longo do tempo. A etimologia serve basicamente para responder à pergunta "De onde veio a palavra ou expressão x?".

Por ser uma ciência que satisfaz à curiosidade de grande parte da população, ela costuma ter uma aura lúdica que a faz, muitas vezes, ser confundida com especulações sobre a origem das palavras que nada têm de científico: é o que chamamos de pseudoetimologia. Grande parte das colunas sobre etimologia que figuram em revistas, sites e almanaques, na verdade, pratica a falsa etimologia, feita sem nenhum rigor científico, baseada apenas em intuições (em geral equivocadas) e lendas passadas de geração a geração. É o caso daquela lenda urbana segundo a qual *aluno*, do latim *alumnus*, tem esse nome porque representa uma pessoa sem luz (*a* = "não" + *lumen* = "luz") a quem os mestres darão a luz do conhecimento. Pura balela! Uma análise mais rigorosa e pautada no método científico revelará que *alumnus* provém do verbo latino *alere*, "alimentar, fazer crescer" mais o sufixo participial *-umnus*, que também aparece em *autumnus*, "outono", *columna*, "coluna" etc., e é parente do sufixo grego *-oúmenos* ou *-ómenos* de *catecúmeno*, *energúmeno*, *fenômeno* e *prolegômeno*.

A bem da verdade, a etimologia surgiu na Grécia antiga como uma disciplina não científica. No diálogo *Crátilo*, de Platão, aparecem as primeiras especulações sobre a origem de certas palavras. Em primeiro lugar, os filósofos envolvidos no debate descrito no livro discutem se a linguagem é produto da natureza (*physis*) ou de uma convenção estabelecida pelos homens (*thesis*). A seguir, passam a discutir a motivação que dá origem às palavras, chegando a proposições que hoje, à luz da ciência, não fazem o menor sentido.

O termo *etimologia* foi cunhado por Dionísio de Halicarnasso no século I a.C. a partir do grego *étymon*, "verdade", e *logos*, "discurso". Ou seja, a etimologia seria o discurso sobre o verdadeiro significado das palavras. No entanto, a etimologia praticada por Dionísio e seus seguidores continuou a ser meramente especulativa, sem nenhum recurso à pesquisa.

Esse tipo de etimologia "achística" prosseguiu na Idade Média. Nesse período, destacou-se a figura de santo Isidoro de Sevilha, autor do compêndio *Etymologiae*, cujo livro X, *De vocabulis* (Sobre as palavras), trazia a suposta origem das palavras latinas. Vejamos alguns exemplos das "etimologias" de Isidoro:

- *amicus*, "amigo" < *animi custos*, "guardião da alma";
- *beatus*, "bem-aventurado" < *bene auctus*, "que se desenvolveu bem";
- *corpulentus*, "corpulento" < *corpus + lentus*, "que tem o corpo pesado e lento";
- *femina*, "mulher, fêmea" < *fides minus*, "menos fé" (porque as mulheres teriam menos fé que os homens);
- *importunus*, "importuno" < *in- + portus*, "aquele que não tem porto";
- *lepus*, "lebre" < *levis pes*, "que tem os pés leves";
- *lutum*, "lodo" < *lotum*, "lavado" (isto é, que deve ser lavado);
- *mulier*, "mulher" < *mollis*, "mole" (porque as mulheres têm coração mole);
- *nobilis*, "nobre" < *non vilis*, "não vulgar";
- *praesens*, "presente" < *prae sensibus*, "diante dos sentidos";
- *prudens*, "prudente" < *porro videns*, "que vê adiante";
- *regere*, "reger" < *recte agere*, "conduzir corretamente";
- *surdus*, "surdo" < *sordes*, "sujeira do ouvido".

O fato é que a etimologia como ciência só começou para valer na virada do século XVIII para o XIX, com o advento da linguística histórico-comparativa. O trabalho de comparação entre línguas documentadas e reconstrução de estágios não documentados foi aplicado a todos os níveis da língua, inclusive ao das palavras.

Como se faz uma etimologia científica

O trabalho do etimólogo consiste em pesquisar documentos antigos da maneira mais exaustiva possível em busca do chamado *terminus a quo*, isto é, a primeira ocorrência escrita de uma palavra na língua. Até bem pouco tempo atrás, essa pesquisa era puramente manual, feita em bibliotecas, hemerotecas, arquivos e demais acervos de documentos. Hoje, com a digitalização em massa de textos antigos e modernos, a pesquisa etimológica também conta com o auxílio da internet. Há diversos bancos de textos digitalizados, bem como vários sites de projetos de pesquisa que reúnem ocorrências de palavras de um determinado idioma com data, local de publicação, dados da obra publicada (página em que o vocábulo ocorre, localização física do exemplar etc.) e outras informações relevantes.

Mas a pesquisa não se resume à primeira ocorrência escrita de uma palavra; o etimólogo deve rastrear todas as ocorrências posteriores para mapear as mutações fonéticas (chamadas de metaplasmos), variações ortográficas e alterações no significado (mudanças, ampliações ou reduções). Esse processo inclui a reconstrução de estágios não documentados com base no conhecimento das leis fonéticas. Por sinal, o NEHiLP-USP (Núcleo de Pesquisa em Etimologia e História da Língua Portuguesa da Universidade de São Paulo), no qual trabalho, desenvolveu um *software* chamado Metaplasmador, que serve para testar hipóteses sobre a ancestralidade de palavras do português.[10] Funciona assim: entrando-se com uma palavra latina que se supõe ser a origem da palavra portuguesa, o programa aplica todas as mutações fonéticas regulares na ordem em que ocorreram historicamente, dando como resultado a forma (ou formas) que essa palavra teria em português atual. Se coincide com a forma que estamos investigando, está provada a linhagem da palavra (por exemplo, do latim *caballum* obtemos regularmente o português *cavalo*). Se houver discrepância, parte-se para a investigação de alguma influência analógica sobre a palavra. Por exemplo, se introduzirmos no Metaplasmador o latim *stellam*, obteremos o resultado em português *estela. No entanto, sabemos que a forma efetivamente resultante da evolução de *stellam* em português é *estrela*; esse *r* intruso é explicável pela influência de *astro* (afinal, uma estrela é um tipo de astro).

Outro exemplo é *floresta*, empréstimo do antigo francês *forest* (atual *forêt*), que deveria ter dado em português *foresta, mas deu *floresta* por analogia com *flor* (pois supostamente numa floresta há flores).

É importante lembrar que o Metaplasmador, sendo um simulador da evolução fonética de um vocábulo, só funciona com palavras herdadas; os empréstimos geralmente fogem das leis fonéticas, conservando a forma que têm na língua de origem ou sofrendo modificações e adaptações à morfologia do português que seguem outras normas e são de aplicação mais arbitrária.

O grande objetivo da pesquisa etimológica é elaborar um dicionário etimológico, isto é, um compêndio que traga a maioria das palavras de uma língua acompanhadas de sua história, ou seja, sua origem, as transformações por que passaram, os documentos em que cada uma de suas formas ocorreu pela primeira vez (com direito à transcrição do trecho do texto em que aparece), além de explicações sobre as mudanças de forma e sentido que sofreram ao longo do tempo e outros dados eventuais, como palavras cognatas em outros idiomas.

É preciso chamar a atenção para o fato de que, com as modernas tecnologias, a pesquisa etimológica atual não se limita mais a documentos escritos, mas pode também recorrer a testemunhos audiovisuais, como discos, vídeos, filmes etc. A partir do século XX, pode-se encontrar testemunhos de uma palavra também na modalidade oral, o que ajuda a esclarecer dúvidas sobre a pronúncia (por exemplo, como o nome *Brasil* era pronunciado 50 anos atrás).

No NEHiLP, estamos desenvolvendo um projeto chamado DELPo (Dicionário Etimológico da Língua Portuguesa), que visa a elaborar a mais completa obra do gênero em língua portuguesa. Para tanto, estamos utilizando tecnologia de ponta, com o auxílio de computadores e *softwares* especiais, e uma equipe de mais de 60 pesquisadores das mais diversas universidades nacionais e estrangeiras.

A razão desse projeto é que, diferentemente do que acontece com línguas como o espanhol, francês, inglês, italiano e alemão, o português não dispõe de bons dicionários de etimologia: os poucos que temos são incompletos e, por vezes, trazem étimos equivocados ou apontam como de étimo desconhecido palavras cuja origem pode ser pesquisada e encontrada.

O DELPo, sendo uma publicação totalmente on-line – embora não se descarte sua edição em papel –, oferecerá também outras facilidades, como pesquisa por fragmento da palavra, campo semântico, elementos morfológicos (radicais, afixos etc.), origem, acepções, data e muito mais. Alguns verbetes já estão prontos, mas a elaboração do dicionário será um trabalho de longo prazo – e que jamais estará completo, pois a todo momento surgem novas palavras ou outras ganham novos significados, que muitas vezes têm etimologia distinta da original. Portanto, será sempre uma "obra em progresso", o que é uma vantagem sobre os atuais dicionários, prontos, acabados e congelados no tempo.

Notas

1. Para uma melhor definição de aspecto verbal, confira a seção "Uma breve história do tempo... verbal", a seguir.
2. Uma explicação mais detalhada de anafórico e dêitico o leitor encontra na seção "O que os signos significam".
3. Faço uma crítica mais detalhada desse critério na seção seguinte.
4. Trata-se, em tese, do mesmo caso do afixo destacado dos *phrasal verbs*, com a única diferença de que, em alemão, esse afixo se une graficamente ao radical em determinadas formas verbais.
5. Para a definição de sintagma, ver "De linguagem, planetas e empresas".
6. Já vimos esse processo anteriormente, em "De linguagem, planetas e empresas".
7. Numa perspectiva histórica, a real estrutura morfológica dessas palavras não seria *cãe-s* e *sai-s*, mas sim *cã-es* e *sa-is*, em que o morfema de plural é *-es* (e seu alomorfe *-is*), o mesmo de *amor-es*, por exemplo.
8. Essa regra já vem sendo flexibilizada por gramáticos menos radicais.
9. Na verdade, o francês tem o adjetivo *bon-marché* com o significado de "barato", mas este é muito pouco usado.
10. O Metaplasmador pode ser encontrado no endereço https://delpo.prp.usp.br, aba "Ferramentas".

PARTE III

LINGUAGEM, CULTURA E VISÕES DE MUNDO

O relativismo cultural

QUANTAS CORES TEM O ARCO-ÍRIS?

Quantas cores tem o arco-íris? Diante dessa pergunta, parece óbvio que a única resposta possível é sete. De fato, aprendemos na escola que as sete cores do arco-íris são vermelho, laranja, amarelo, verde, azul, anil e violeta. Isso parece óbvio não só para nós brasileiros como para outros povos também. Por exemplo, o sábio inglês Isaac Newton descobriu que a luz branca é composta de sete cores ao fazer passar um raio de Sol por um prisma de vidro. A seguir, pintou um disco de papelão com as sete cores do arco-íris e, ao girá-lo bem depressa, o disco se tornava branco. Assim sendo, não nos parece apenas óbvio, mas sobretudo parece ser uma lei da natureza que o espectro da luz visível tenha sete cores. Essas cores recebem diferentes nomes em cada língua, mas são sempre sete.

No entanto, quando os europeus passaram a estudar a fundo outras culturas, bem diferentes da sua, tiveram uma surpresa: viram que o que parece óbvio nem sempre é tão óbvio assim.

Segundo Henry Allan Gleason, no livro *An introduction to descriptive linguistics* (Uma introdução à linguística descritiva), existe na Libéria, África, uma população chamada bassa para quem o arco-íris tem apenas duas cores, que eles chamam de *ziza* e *hui*. A primeira cor corresponde, *grosso modo*, às nossas cores "quentes" e a segunda, às "frias". Ou seja: o que para nós ocidentais, falantes de línguas europeias, são cores diferentes, para os bassa são tons de uma mesma cor. Assim, vermelho, laranja e amarelo são para eles três tonalidades de *ziza*. A distinção entre essas tonalidades se dá por meio de certos adjetivos: vermelho é *ziza* escuro, amarelo é *ziza* claro, e assim por diante. Situação semelhante apresenta a língua dani, da Nova Guiné. Já o pirahã, língua indígena brasileira, não tem propriamente cores, mas distingue apenas entre claro e escuro.

A razão dessa simplicidade cromática dos povos primitivos, de acordo com os antropólogos, é que caçadores-coletores não precisam de termos precisos em relação à cor porque isso não é essencial para sobreviverem. Já nas sociedades industriais, uma gama mais rica de cores é vantajosa e imprescindível.

Enquanto isso, para muitos povos com distinção cromática mais rica, o espectro luminoso tem seis e não sete cores, havendo uma fusão entre verde e azul (cor que os antropólogos americanos Paul Kay e Brent Berlin chamam de *brue*, misto de *green* e *blue*).

O que esses exemplos nos mostram é que as diferentes línguas não são meros conjuntos de rótulos que damos às coisas, de modo que, ao passarmos de uma língua a outra, apenas mudamos os rótulos das coisas; na verdade, as línguas dão nomes diferentes a objetos diferentes.

A natureza, tal qual ela é, independentemente do modo como a vemos, é uma realidade contínua, que não possui divisões arbitrárias. Dito de outro modo, não existem etiquetas assinalando onde termina uma coisa e começa outra. Não há nenhuma placa ou outro sinal qualquer indicando onde um curso d'água deixa de ser um córrego e passa a ser um rio. Da mesma forma, o arco-íris não tem nem duas nem sete cores: o espectro da luz visível é composto de uma infinidade de ondas eletromagnéticas, cada uma com sua frequência específica. Somos nós, humanos, que tomamos esse espectro contínuo de frequências de onda e o dividimos em faixas, correspondentes às diversas "cores". Por isso, é natural que cada povo, com sua cultura particular, divida a natureza de forma diferente. O que para um brasileiro é apenas noite para um inglês pode ser *evening* ou *night*, e esses dois termos não são sinônimos em inglês. *Evening* é o período do dia que começa ao pôr do sol e dura até a hora de ir dormir. A partir de então e até a alvorada do dia seguinte, temos *night*. Para um brasileiro, a noite começa ao pôr do sol de um dia e vai até a alvorada do dia seguinte. É por isso que um inglês diz *good evening* ao chegar a uma recepção noturna e *good night* ao retirar-se, enquanto um brasileiro diz simplesmente *boa noite* tanto ao chegar quanto ao sair.

Ainda em inglês, aqueles animais que nós, falantes do português, chamamos de *macacos* classificam-se em *monkeys* e *apes* segundo a sua espécie. O mico e o chimpanzé são *monkeys*; já o orangotango e o gorila são *apes*. De um modo geral, poderíamos dizer que macacos pequenos são *monkeys*, ao passo que os grandes primatas – com exceção do homem, é claro – são *apes*. No entanto, um mico gigante (se existisse algum) continuaria sendo um *monkey*, assim como um gorila anão seria um *ape*, não obstante o seu tamanho. Isso mostra que, para os ingleses, *monkeys* e *apes* são animais diferentes e não apenas tamanhos diferentes de um mesmo animal.

O que ocorre é que cada língua reflete uma particular visão de mundo, própria de cada cultura. O que para um brasileiro é apenas gelo recebe na língua inuíte, dos esquimós do Alasca, mais de dez denominações diferentes conforme a consistência e a espessura (duro, mole, o que permite construir iglus, o que afunda quando se pisa nele). Numa região em que conhecer os diversos tipos de gelo pode significar a diferença entre a vida e a morte, é perfeitamente compreensível que a análise linguística da água solidificada seja muito mais detalhada do que num país tropical como o nosso.

Essa diferente análise da natureza feita por cada língua é chamada pelos linguistas de *recorte cultural*. Desse modo, brasileiros e esquimós "recortam" a água solidificada de maneiras diferentes, assim como diferentes povos "recortam" o arco-íris de formas diferentes. O linguista francês Émile Benveniste usou uma bela figura para explicar o recorte cultural: para ele, a natureza é como a superfície da água de um lago, acima da qual se estende uma rede de pesca num dia de sol. A rede não é mergulhada na água, mas apenas mantida acima dela a uma certa altura, por isso não a recorta realmente, apenas projeta sua sombra sobre a superfície da água. Ora, o que as línguas fazem é exatamente projetar sobre a realidade à nossa volta a "sombra" de uma rede semântica que divide hipoteticamente essa realidade em conceitos distintos. Por essa razão, aprender uma outra língua nos ajuda a abrir nossa visão, a ver a realidade com outros olhos e, consequentemente, a nos tornar menos etnocêntricos e mais capazes de perceber a beleza que existe em culturas muito diversas da nossa. Aprender novas línguas nos faz menos arrogantes em relação a outros povos, mais tolerantes com as diferenças e mais solidários.

Outra consequência das diferentes visões de mundo existentes é que quase nunca a tradução entre línguas é perfeita. Lógico que entre idiomas próximos como o português e o espanhol há pouca dificuldade de tradução (embora, nem por isso, brasileiros e argentinos deixem de cometer gafes ao tentar se comunicar na mesma língua), mas como traduzir um texto específico de uma realidade numa língua pertencente a uma realidade diferente? Como traduzir um manual de informática em latim ou dar uma palestra sobre física nuclear em ianomâmi? Mais uma vez, o que parece óbvio nem sempre o é.

O RECORTE DO REAL

A maioria das pessoas tem a impressão intuitiva de que a realidade é algo que existe objetivamente e que, além disso, nós a vemos exatamente como ela é. Nada mais falso. Embora a física já tenha demonstrado o quão enganoso é o mito da realidade objetiva, o próprio estudo da linguagem pode revelar aspectos interessantes da relatividade de nosso conhecimento sobre o mundo.

Ao longo do tempo, vários filósofos já se deram conta de que é o pensamento que instaura a realidade. Parmênides dizia que "ser e pensar são a mesma coisa", conceito reformulado séculos mais tarde por René Descartes na máxima "penso, logo existo". Mas o pensamento que funda a realidade é sobretudo linguagem. Não por acaso, Heráclito de Éfeso (540-470 a.C.) denominava por *Logos*, isto é, "o Verbo", o princípio universal que dá origem ao Ser.

Só podemos pensar e compreender o mundo segundo as categorias da linguagem e, mais especificamente, as de nossa própria língua. Esse relativismo linguístico fica claro quando aprendemos uma língua estrangeira, especialmente alguma que não seja muito próxima de nosso idioma nativo.

O problema é que a maioria das pessoas, sendo monolíngues, sequer imaginam que haja outra maneira de ver o mundo além da sua. E menos ainda têm consciência de que o modo como o veem está "formatado" pela língua que falam.

Daí por que, ao deparar com outras culturas, chegam por vezes a sentir estranhamento por aquilo que não lhes é usual. Afinal, se para mim é natural a distinção entre sino e campainha, devo achar estranho que um inglês se refira a ambos como *bell*. Da mesma maneira, deveria achar inusitado que os ingleses chamem ora de *clock* ora de *watch* o que eu chamo de relógio.

Mas o pior é que muitos creem que as línguas são meros conjuntos de etiquetas que pomos nas coisas. Ao passarmos de uma língua a outra, bastaria trocar as etiquetas, pois línguas diferentes dariam nomes diferentes a coisas iguais. Surge então a ilusão romântica de que poderíamos substituir todas as línguas do mundo por uma única, ganhando em praticidade e "objetividade".

Conhecer o real *em si* é impossível: a natureza impõe barreiras de diversos tipos ao nosso acesso sensorial e intelectual à realidade. Primeiro, o chamado princípio de incerteza da física quântica diz que, quando observamos uma partícula subatômica, modificamos seu comportamento. Logo, não poderíamos saber o estado que essa partícula teria se não estivesse sendo observada.

Além disso, esse princípio afirma ser impossível conhecer ao mesmo tempo a posição e a velocidade das partículas. Mais uma vez, nossa observação não nos diz o que realmente se passa na natureza. Nossos sentidos não são confiáveis nem mesmo quando olhamos para coisas macroscópicas (quem usa óculos sabe bem disso). Ou seja: nada nos garante que as coisas sejam do jeito como as vemos.

Mas enfrentamos também dois tipos de barreiras mentais à compreensão da realidade: as limitações de nosso cérebro e as estruturas de nossa linguagem. Isso nos faz pensar o mundo "ideologicamente", portanto, sem a objetividade em que tanto acreditamos.

De acordo com Saussure, o signo linguístico tem duas faces: significante (a pronúncia ou grafia da palavra) e significado (o que ela representa). Portanto, o que as palavras significam é algo que faz parte da língua e foi fixado arbitrariamente, tanto quanto os sons com que as pronunciamos. Natural então que falantes de línguas diferentes construam não apenas significantes diferentes, mas sobretudo significados diferentes para dar conta de suas experiências.

Estudiosos perceberam a íntima relação entre língua e pensamento, dentre eles Franz Boas, Edward Sapir e Benjamin Whorf. Estes dois últimos formularam a famosa hipótese Sapir-Whorf, segundo a qual os seres humanos vivem em universos mentais distintos, condicionados por suas culturas e expressos pelas línguas que falam. Ou, dito de outro modo, há uma relação sistemática entre as categorias gramaticais de nossa língua e o modo como compreendemos o mundo.

Whorf dizia que cada língua "recorta" a realidade de um modo particular. Isso não quer dizer, evidentemente, que a língua tem o poder de criar limites reais entre coisas. O que a língua faz é enquadrar a realidade numa visão de mundo.

Como vimos anteriormente, culturas tribais não costumam contar além de três. Um sistema numérico decimal, com frações, quantidades irracionais, logaritmo etc., definitivamente não tem nenhuma utilidade para eles. Já para nós...

Entretanto, o relativismo linguístico não afeta apenas o confronto entre línguas muito distantes como o português e o bassa. Uma simples comparação entre os usos de dois idiomas próximos como o nosso e o inglês é bastante ilustrativa sobre a noção de sinonímia. Na verdade, sinônimos interlinguísticos (isto é, palavras de línguas diferentes que têm supostamente o mesmo significado) são termos que mantêm um núcleo semântico comum, mas, por apresentarem diferentes acepções em cada língua, não correspondem um ao outro em todos os casos.

Sabemos que o verbo português *poder* se traduz em inglês por *can* ou *may*, conforme se trate de possibilidade ou permissão. Mas *can* significa também "saber" (por exemplo, *I can cook* quer dizer "eu sei cozinhar"). E "saber" em inglês pode ser *can* ou *know*, sendo que este último verbo também significa "conhecer" (veja o esquema a seguir).

Se eu conheço alguém há um certo tempo, direi em inglês *I know him/her*. Mas se acabei de conhecê-lo, o verbo indicado é *meet* e não *know*. Só que *meet* também é encontrar um conhecido. E, se encontrar pessoas é *meet*, encontrar coisas é *find*, que em português também pode ser traduzido por *achar*. Mas em nossa língua não só é possível achar algo como também se pode achar que um livro é bom. Neste caso, o inglês emprega o verbo *guess*, que também quer dizer "adivinhar".

Já deu para perceber como é difícil expressar-se numa língua estrangeira quando não se conhecem a fundo todas as nuances de significado do léxico. Essa é uma das fontes das gafes que estrangeiros cometem. Mas é também o que faz a riqueza da linguagem humana. Alguém disse um dia que a língua de um povo é uma enciclopédia única, de tal sorte que, quando uma língua se extingue, toda uma riquíssima experiência humana é perdida para sempre. Se as línguas fracassam em descrever o mundo objetivamente, elas nos oferecem a oportunidade de conhecer tantos mundos quantos são os idiomas.

Tradução, a rigor, não existe

O espectro de sentidos entre palavras de duas línguas raramente permite um equivalente perfeito

poder	*may*
	can
saber	
	know
conhecer	
	meet
encontrar	
	find
achar	
	guess
adivinhar	

OS SENTIMENTOS SÃO UNIVERSAIS?

Línguas diferentes não apenas usam palavras diferentes, elas dizem coisas diferentes, mesmo quando querem dizer a mesma coisa. É por isso que a boa tradução não traduz significados e sim sentidos. A tradução literal quase sempre conduz ao nonsense. Imagine se traduzíssemos *muito obrigado* para o inglês como *very obliged* e *de nada* como *of nothing*! Ou seja, expressões como *muito obrigado* e *thank you very much* não têm o mesmo significado, mas têm o mesmo sentido.

Entre línguas culturalmente próximas como o português e o inglês, é possível traduzir o sentido de uma frase ou texto com relativa facilidade, pois elas reproduzem a mesma visão de mundo, fruto de uma herança comum: mesma origem indo-europeia, mesma influência cultural greco-romano-cristã. À medida que nos afastamos da nossa civilização em direção a outras culturas, com suas maneiras próprias de ver o mundo, mais e mais vamos nos deparando com sentidos estranhos à nossa concepção de vida. É o caso da saudação *namastê*, do sânscrito, que significa "curvo-me a ti" ou de *txai*, da língua kaxinawá, do Acre, que quer dizer "você, metade de mim". Por sinal, modos muito belos e sensíveis de tratar o próximo, não?

Há palavras estrangeiras que, por representarem conceitos que não temos, mesmo quando têm seu significado traduzido corretamente, não fazem sentido para nós. Podemos compreender o significado da palavra *kuarup* – "ritual fúnebre dos índios do Xingu em honra a Mawutzinin" –, mas não temos nenhuma referência cultural do fato social por ela designado. Aliás, se fosse possível chegar ao sentido a partir do significado, seria fácil fazer um cego de nascença compreender a diferença entre o vermelho e o azul: bastaria dar-lhe as definições dessas cores que estão no dicionário.

Mas, apesar de toda a diversidade de visões de mundo, parece que alguns conceitos são universais: toda língua tem palavras para "Sol", "Lua", "dia", "noite" etc.

Na passagem da percepção biológica à criação do conceito, analisamos o fenômeno percebido em termos de "partículas elementares" da significação, como se fossem os quarks e léptons que constituem toda a matéria do Universo.[1] Essas partículas se dividem em três tipos: as latências, isto é, tudo o que podemos pensar a respeito do objeto; as saliências, ou traços que se destacam no objeto (por exemplo, o aspecto circular e luminoso do Sol); e as pregnâncias, traços que o indivíduo ou a comunidade deliberadamente destacam no objeto (por exemplo, o caráter sagrado da vaca na Índia).

Portanto, certos conceitos são universais porque não são produto de uma criação cultural e sim da própria natureza ou da biologia do ser humano. Um desses universais são as sensações e os sentimentos. Todas as pessoas, não importa a cultura a que pertençam, sentem dor, prazer, medo, frio, calor, amor, ódio, indignação. Esses estados de espírito são produto de reações químicas em nossos neurônios e, por isso, ocorrem de maneira igual em todos os indivíduos (exceto, é claro, naqueles portadores de alguma patologia).

No entanto, nós falantes do português nos orgulhamos de ser os únicos a ter uma palavra para "saudade". Embora essa afirmação não passe de mito, pois várias línguas têm termos equivalentes, é verdade que nem todos os idiomas possuem uma palavra que expresse exatamente o conceito de "saudade". Isso não quer dizer que outros povos não sintam a tristeza causada pela ausência de alguém ou algo que muito se ama. Seria jacobino demais da nossa parte achar que somos o único povo no mundo a experimentar esse sentimento.

Há certas emoções que, embora todos os seres humanos vivenciem, nem todas as línguas nomeiam. Segundo o psicólogo cognitivo americano Steven Pinker, no livro *O instinto da linguagem*, o alemão tem o curioso termo *Schadenfreude*, que representa a satisfação que se sente diante da desgraça de alguém desprezível. Ora, como diríamos isso em português? Na verdade, não dizemos. Entretanto, quem já não experimentou esse sentimento alguma vez na vida? (A comoção pública após a condenação do autor de um crime hediondo é um bom exemplo.)

Portanto, nem todas as sensações e sentimentos têm designações em todas as línguas. Nesse caso, o que é universal é o sentido, que, na prática, é o próprio estado de espírito, e não o significado, prisioneiro que é da palavra que o contém. E as palavras não são as coisas. Ou, como diria William James, "a palavra *cão* não morde".

A língua e a cultura

O OVO E A GALINHA

No livro *O pensamento selvagem*, Claude Lévi-Strauss discute a oposição, arraigada tanto no meio acadêmico quanto no senso comum, entre línguas "primitivas" e "civilizadas" (ou "de cultura"). Segundo alguns linguistas e antropólogos, línguas de povos primitivos – isto é, de sociedades tribais – não permitiriam abstrações. O próprio Lévi-Strauss contesta essa tese, afirmando que no idioma chinook, língua indígena da América do Norte, a frase *O homem mau matou a criança inocente* seria formulada como *A maldade do homem matou a inocência da criança*.

Na verdade, em muitas línguas do mundo, dentre as quais várias "civilizadas", não há uma distinção clara entre concreto e abstrato, bem como entre predicado verbal e nominal (ou entre sujeito e predicado), e assim por diante. Mas o fato é que, ao compararmos os idiomas europeus com línguas nativas da África, América ou Oceania, percebemos que muitos dos aspectos familiares à nossa gramática faltam a essas línguas.

Essa constatação, baseada às vezes numa análise superficial e assistemática, ensejou vários tipos de preconceitos contra o que é diferente e, consequentemente, estranho. A ideia de que há línguas superiores e inferiores – e, portanto, povos superiores e inferiores – é tão velha quanto o mundo, já que preconceitos étnicos pululam até em textos como a Bíblia e o *Gilgamesh*.

Os gregos, pais da civilização ocidental, se referiam a qualquer povo que não falasse grego como bárbaro, onomatopeia que significa blá-blá-blá. A crença na superioridade de sua língua os fez confundir as regras da gramática grega com as próprias leis do pensamento humano, o que é muito diferente. Mas não resta dúvida de que o grego foi uma ferramenta valiosíssima na construção do pensamento racional que norteia nossa civilização até hoje. A literatura, a filosofia e a ciência ocidentais nasceram na Grécia, assim como as filosofias orientais se expressaram em línguas "complexas" como o sânscrito e o chinês, dentre outras. A pergunta é: teria sido possível construir todo esse cabedal de conhecimento a partir de uma língua como o chinook?

Cada língua representa uma cultura e, por conseguinte, uma visão de mundo. Por isso, não há palavras para Natal, democracia ou microprocessador digital em mundurucu. (Talvez hoje, após anos de contato com os brancos, já haja.) Mas, será que a cultura determina a língua ou é a língua que determina a cultura? Segundo a tese de Sapir-Whorf, da qual já falei anteriormente, haveria uma coextensão entre língua e cultura, de tal modo que ambas se condicionam mutuamente. Não dá para saber ao certo quem nasceu primeiro, o ovo ou a galinha, isto é, a língua ou a cultura.

Nesse sentido, nenhum povo pode criar conceitos ou expressar vivências que a sua língua não permita. Por isso, quando perguntamos por que certos povos e não outros criaram certas coisas, por que alguns povos se desenvolveram tanto e outros não, uma das razões para isso pode ser a língua que falam. (Segundo o biólogo americano Jared Diamond, as condições históricas e geográficas também influem.) Em resumo, certas ideias só poderiam ter sido criadas no âmbito de certas línguas.

Não se trata de uma visão racista ou etnocêntrica *à la* James Watson (geneticista ganhador do prêmio Nobel que certa vez declarou crer na inferioridade intelectual dos africanos), mas da constatação de que certas línguas oferecem mais recursos a um pensamento complexo e abstrato do que outras.

Há algum tempo, a língua pirahã vem chamando a atenção dos estudiosos por causa de estudos feitos pelo linguista americano Daniel Everett, segundo os quais esse idioma carece dos mais elementares recursos de qualquer língua natural: não tem numerais além de dois, não tem nomes para cores, não distingue tempos verbais e, sobretudo, não possui recursividade, isto é, a capacidade de encaixar enunciados uns nos outros para formar sequências mais complexas.

Por outro lado, há cerca de 4 mil anos a.C. o indo-europeu já permitia contar até mil (com base no mesmo sistema decimal que hoje utilizamos), tinha uma rica flexão nominal e verbal, admitia diferentes modos e vozes, bem como apresentava recursividade tanto em termos de coordenação quanto de subordinação, o que permitia uma gama complexa de matizes de pensamento. As línguas descendentes do indo-europeu – dentre as quais o português – herdaram muitas dessas características e algumas delas estão hoje entre as mais importantes do mundo.

A maioria das línguas "primitivas" não conta além de três ou, no máximo, cinco, provavelmente porque a vida na selva não exige grande precisão aritmética. Tampouco exige frações, raiz quadrada, geometria... Portanto, foi a matemática que criou a numeração além de três ou foi a numeração decimal (ou duodecimal, ou hexadecimal) que possibilitou o advento da matemática?

Algumas línguas não têm conectivos como *e* e *ou*. Essa falta pode até não trazer grandes embaraços à comunicação entre caçadores-coletores, mas dificulta muito – se não impossibilita – o desenvolvimento da lógica como a conhecemos. Outros idiomas não admitem subordinação nem voz passiva, bem como não permitem discurso indireto ou construções subjuntivas, desiderativas ou optativas. Claro que tais carências – vistas sempre de nosso ponto de vista eurocêntrico – ou acabam supridas por outros recursos expressivos ou simplesmente existem porque a cultura dos falantes dessas línguas não exige que sejam supridas. Mas, quer tenham sido as condições naturais que determinaram o surgimento da civilização e o consequente aumento da complexidade da linguagem em alguns lugares do planeta e não em outros, quer tenha sido o contrário, o fato é que a complexidade linguística resultante desse processo ensejou um círculo virtuoso que prossegue até hoje. Não se trata de povos mais inteligentes do que outros, mas talvez de povos mais sortudos.

A MENTALIDADE DE CADA LÍNGUA

Desde o advento do método histórico-comparativo, no século XIX, tem sido comum comparar as línguas a seres vivos, chegando-se até, em alguns casos, a falar do "gênio", do "instinto" ou da "personalidade" deste ou daquele idioma, como se línguas não fossem sistemas de comunicação criados e operados por seres pensantes, mas fossem elas mesmas os seres pensantes.

Em resumo, costuma-se (hoje, felizmente, já não com tanta frequência quanto no passado) atribuir às línguas uma vontade própria, independente dos falantes.

É verdade que nenhum falante pode, sozinho, modificar o idioma (toda inovação linguística depende, para ser bem-sucedida, da adesão da coletividade), o que dá a sensação de que, ao falarmos uma língua, estamos presos a uma camisa de força que nos obriga a uma visão de mundo que não é nossa, pessoal, mas imposta pela sociedade à qual pertencemos.

Como resultado, muitas pessoas – especialmente as leigas em questões de linguagem – atribuem à gramática das línguas certos traços ideológicos que elas nem sempre têm de fato.

Há aspectos da gramática de uma língua que são efetivamente produto de uma visão de mundo, enquanto outros são apenas resultado do acaso, isto é, da evolução cega. Neste último caso, é antes a gramática que constrange a uma visão de mundo, e não um modo particular de ver o mundo que conforma a gramática.

Analisemos alguns dos argumentos frequentemente lançados em apoio à tese de que a gramática das línguas é ideologicamente orientada para ver quanto de verdade e quanto de mito existe neles.

1. O português e os demais idiomas românicos são línguas machistas, pois, quando nos referimos a um conjunto de indivíduos de ambos os sexos, fazemos a concordância no masculino plural.

Na verdade, a razão pela qual usamos o gênero masculino para nos referir a homens e mulheres não é ideológica, mas fonética. Em latim, havia três gêneros – masculino, feminino e neutro –, cujas terminações mais frequentes eram *-us*, *-a* e *-um*. O chamado gênero complexo, que agrupa substantivos de gêneros diferentes, era indicado em latim pelo neutro.

Quando, por força da evolução fonética, as consoantes finais do latim se perderam, as terminações do masculino e do neutro se fundiram, resultando nas desinências portuguesas *-o* e *-a*, características da maioria das palavras masculinas e femininas, respectivamente. Ou seja, o nosso gênero masculino é também gênero neutro e complexo. Portanto, não há nada de ideológico, muito menos de machista, na concordância nominal do português.

2. O alemão trata a mulher solteira como objeto, reconhecendo a feminilidade apenas da mulher casada, pois as palavras *Mädchen*, "moça, donzela", e *Fräulein*, "senhorita", são neutras, enquanto *Frau*, "mulher, senhora", é feminina.

Ora, *Mädchen* e *Fräulein* eram originalmente os diminutivos de *Magd*, "moça", e *Frau*, o que é denunciado pelos sufixos *-chen* e *-lein*, e em alemão todo diminutivo é neutro, não importa qual seja o gênero da palavra primitiva.

Portanto, *Mädchen* e *Fräulein* são palavras neutras não porque os falantes do alemão, especialmente os homens, vejam as mulheres solteiras como inferiores, mas porque são diminutivas, assim como *donzela* e *senhorita* (respectivamente de *dona* e *senhora*), e não por preconceito, mas por carinho.

A prova de que os alemães reconhecem uma jovem solteira como mulher é o fato de que substituem *Mädchen* e *Fräulein* pelo pronome pessoal feminino *sie* e não pelo neutro *es*.

3. O inglês tem gramática simples, que não flexiona artigos, adjetivos e verbos, e adota o gênero natural (todos os seres assexuados são neutros), o que reflete a objetividade e praticidade dos falantes da língua.

Puro mito!
O inglês perdeu a maioria das desinências – por motivos fonéticos – ainda na passagem do antigo para o médio inglês (século XII), logo, muito antes das leis da mecânica de Newton, da Revolução Industrial, da formação do Império Britânico, do surgimento dos Estados Unidos ou de qualquer outro fato histórico que possa conferir aos falantes do inglês esse traço "prático" e "objetivo".

Aliás, costuma-se dizer que o inglês é objetivo e o francês é cerimonioso. Por exemplo, num velho manual de instruções redigido em várias línguas encontrei em francês a frase "*Nous vous remercions vivement d'avoir choisi notre enrégistreur de bande...*" (Nós lhe agradecemos vivamente por ter escolhido nosso gravador de fita...) e também a frase inglesa "*Thank you very much for selecting our tape recorder...*" (Muito obrigado por escolher nosso gravador de fita...). Essas duas diferentes maneiras de expressar a mesma ideia parecem mesmo indicar que os franceses são mais cerimoniosos (ou mais prolixos) que os ingleses, mas essa conclusão pode ser precipitada.

É possível encontrar um sem-número de contraexemplos. Na verdade, os americanos costumam redigir de modo objetivo; já os britânicos são tão ou mais cerimoniosos que os franceses. Basta dizer que, para uma resposta simples do tipo "acho que não posso", um britânico dirá *I don't believe I can* ("Eu não creio que possa") ou *I'm afraid I can't* ("Temo que não possa"). Isso reflete a tradição aristocrático-monárquica inglesa, por oposição ao espírito libertário, transgressor e republicano dos franceses. Além disso, a afirmação de que o inglês é uma língua simples porque aboliu as desinências ignora que praticamente todas as línguas germânicas (a exceção é o alemão) aboliram a maioria das desinências ainda na Idade Média. Por outro lado, o francês praticamente só manteve suas desinências na escrita: na pronúncia, elas também se tornaram mudas. Portanto, desse ponto de vista o francês também tem uma gramática simples.

4. O espanhol distingue pelo uso da preposição *a* o objeto direto humano do não humano: *encontré a Juan*, "encontrei João", mas *encontré un libro*, "encontrei um livro".

Isso sim é um fato ideológico, pois a determinação do caráter humano de algo é subjetiva: um gnomo pede a preposição ou não? E substantivos coletivos como *España*, "Espanha", e *humanidad*, "humanidade"? Isso fica em grande parte a critério dos falantes.

5. O italiano não usa artigo definido antes do pronome possessivo em nomes de parentesco. Diz-se *mio padre*, "meu pai", *mia zia*, "minha tia" etc., mas *il mio maestro*, "o meu professor", e *la mia penna*, "a minha caneta".

Isso é ideológico – e bastante arbitrário. A maioria das línguas europeias não admite artigo antes de pronome possessivo, e nas que admitem, como o português, é facultativo. Mas, no italiano o uso segue um critério semântico e não sintático.

6. O inglês faz a concordância do verbo no plural com substantivos singulares que designam coletivos: *people are* (e não *is*), *the police were* (e não *was*), *the team go* (e não *goes*). Em compensação, o verbo concorda no singular com alguns substantivos pluralícios como *news, politics, means* etc.: *that news is good*, "essa notícia é boa", *politics is dirty*, "a política é suja", *the only means to get out of here is...*, "o único meio de sair daqui é...".

Mais um fato ideológico. O inglês faz a concordância verbal com o sentido do substantivo e não com sua forma gramatical. Se a coisa denotada é percebida como uma unidade, o verbo vai para o singular; se é percebida como uma coletividade, vai para o plural. É mais ou menos o mesmo processo que nos leva a dizer *o óculos*, *a calça*, em vez de *os óculos*, *as calças*. E leva os falantes menos cultos a dizer *as puliça chegaro bateno em todo mundo* em lugar de *a polícia chegou batendo...* Ou seja, o erro de português também pode ser ideológico.

SER OU ESTAR: EIS A QUESTÃO

As línguas românicas da península ibérica – português, galego, espanhol e catalão – são praticamente os únicos idiomas europeus a fazer distinção entre os verbos *ser* e *estar*, e, portanto, a marcar gramaticalmente a diferença entre estados permanentes e transitórios do sujeito. Em italiano existe o verbo *stare*, mas com o significado mais restrito de "permanecer, ficar" e mesmo de "estar em pé, estar parado". (Esse verbo também se usa como auxiliar nos tempos contínuos: *sta lavorando* = "está trabalhando".) Nesse sentido, *stare* não se contrapõe a *essere*, "ser", mas a verbos como *sedere*, "estar sentado", e *camminare*, "andar". O mesmo acontece com seus equivalentes em inglês (*stand*) e alemão (*stehen*). Nem por isso tais línguas ignoram a diferença entre permanência e transitoriedade; elas apenas expressam esses atributos de outras maneiras.

Estados permanentes são qualidades inerentes ao sujeito, que fazem parte de sua essência, como a cor amarela do ouro ou o calor do Sol, ao passo que estados transitórios indicam condições passíveis de mudança, como a temperatura de um ambiente, a localização de um objeto ou o humor de uma pessoa. Isso não significa que um estado tido como permanente seja imutável: a solidez secular de um banco, apregoada até em seu slogan, não impede que ele quebre; o sexo de um indivíduo parecia imutável até surgir a cirurgia de mudança de sexo, e assim por diante.

Contudo, costumamos atribuir a certas condições um caráter mais estável do que a outras e, por isso, fazemos em português a distinção entre *ser* e *estar*, bem como entre *ter* e *estar com*. Observe a diferença entre *ele é diabético* (ou *ele tem diabetes*) e *ele está gripado* (ou *está com gripe*). Em outras línguas, essa diferença é assinalada em alguns casos, em outros não.

No inglês, o uso do verbo *to be* num tempo contínuo pode indicar estado momentâneo, enquanto o tempo simples indicaria permanência: *that guy is always strange*, "aquele cara é sempre estranho" x *that guy is being strange today*, "aquele cara está estranho hoje", mas *it is cold today*, "está frio hoje". Igualmente, *have* pode significar a posse permanente (isto é, a propriedade) de algo, assim como *hold* denota uma posse circunstancial: *he has a big house*, "ele tem uma casa grande" x *who holds my car keys?*, "quem está com a chave do meu carro?".

Mas as equações ser/ter = permanência e estar/estar com = impermanência não estão livres de contradições, contraexemplos e casos espinhosos, que demandam a investigação do nível cognitivo hiperprofundo da linguagem para ser explicados. Um amigo meu, professor de português para estrangeiros, certa vez me relatou que, ao explicar em aula a diferença semântica entre *ser* e *estar*, um aluno americano lhe perguntou: se *ser* é definitivo e *estar* é passageiro, por que se diz *ele está morto* em vez de *ele é morto*, já que a morte é definitiva e irreversível? Essa pergunta, aparentemente ingênua, desnuda toda a problemática que subjaz ao uso desses dois verbos supostamente inofensivos.

Afinal, se nossa idade muda todos os anos, por que dizemos ora *ela tem trinta anos* ora *ela está com trinta anos*? E por que *meu filho ainda é jovem*, mas *meu avô é (ou está) muito velho*? E por que o português pergunta *onde é* (ou *fica*) *a igreja?*, revelando a estaticidade de um prédio, ao passo que, na mesma situação, o espanhol indaga *¿dónde está la iglesia?*

A bem da verdade, muitos desses usos são estereotipados e, portanto, não obedecem a uma lógica resistente a toda prova. São idiossincrasias que todas as línguas apresentam. (A razão de o espanhol usar *estar* em relação a uma igreja, por exemplo, tem a ver com a etimologia do verbo, no caso, o latim *stare*, que significava "estar de pé, ereto, fixo, imóvel". A ideia de fixidez e estabilidade de uma construção arquitetônica passou do latim ao espanhol através do verbo *estar* a despeito da mudança semântica que se operou em outros contextos.) Mas há casos que podem, sim, ser explicados à luz do nosso conhecimento sobre a cognição humana.

No exemplo *estar vivo/morto*, o uso de *estar* em lugar de *ser* se justifica em termos pragmáticos: sabemos que uma pessoa viva tende a permanecer viva até que algo provoque sua morte, bem como sabemos que, embora a morte seja um evento certo (aliás, o único evento certo da existência humana), a probabilidade de morrermos antes de ficarmos velhos é relativamente pequena; por isso, a vida é vista como estado permanente quando se diz *naquele tempo, a minha avó ainda era viva*.

Mas vou propor uma outra situação: imagine que houve um acidente de automóvel (e desculpe-me o leitor pelo trágico exemplo), e os policiais, ao resgatar as vítimas, precisam verificar se há ou não sobreviventes. A pergunta que eles fazem é *esta vítima está viva ou morta?*. Ou seja, o que se enfoca nesse caso não é o estado permanente de vida em que ela se encontrava antes do acidente, mas a sua condição momentânea, circunstancial, imediatamente após o acidente. Tanto que é comum dizer *o motorista do carro está morto, mas os demais ocupantes ainda estão vivos*, porém ninguém diz *meu avô está morto há dois anos* e sim *meu avô morreu há dois anos*.

Nesses casos, o francês e o italiano não fazem distinção entre "está morto" e "morreu": *est mort* em francês e *è morto* em italiano significam indiferentemente as duas coisas.

Nota

[1] Confira a seção "Como pensamos a realidade", mais adiante.

PARTE IV

A LINGUAGEM E A MENTE

Pensamento e realidade

COMO PENSAMOS A REALIDADE

O traço fundamental que nos distingue das outras espécies animais é a aptidão para o pensamento simbólico. Nossa capacidade de "conhecer", isto é, construir representações mentais a partir de percepções sensoriais, nos permite não só adquirir novos dados da experiência como também reconhecer os anteriormente adquiridos.

Somos capazes de reconhecer um objeto que nunca vimos como uma cadeira apenas comparando esse objeto aos modelos que temos na memória. As cadeiras que já vimos permitem deduzir o que todas têm em comum: pés, assento, encosto, uma forma anatômica etc. Se o novo objeto coincide com o modelo, bingo!: estamos diante de uma cadeira. Senão, procuramos na mente outros modelos até encontrar um que coincida com o objeto. Se não encontramos nenhum, estamos diante de um dado novo, o que dá oportunidade a um novo ato de conhecer, quando construímos um novo modelo mental, um novo conceito. Esse processo se chama cognição.

Mas de que são feitos esses modelos? Assim como a combinação das 26 letras do alfabeto permite escrever todas as palavras da língua e criar uma infinidade de outras, supõe-se que o significado do que dizemos também resulta da combinação de um número finito de elementos. E como, além de palavras, usamos muitos outros signos para pensar e nos comunicar, esses elementos seriam os responsáveis pelo sentido de imagens, sons, cheiros, gestos, símbolos matemáticos, sinais de trânsito etc.

Indagações sobre a natureza da significação originaram um campo de pesquisas recente, mas bastante fértil: as ciências cognitivas. Esse campo reúne ciências que vão da biologia molecular, genética e neurofisiologia à psicologia, linguística e semiótica. Assim o homem processa a informação percebida pelos sentidos para transformá-la em conceitos e, a seguir, em signos.

Antecedentes históricos

Os primeiros a se interessar pela questão foram os filósofos gregos. No século IV a.C., Aristóteles postulou a existência de categorias gerais do pensamento (substância, qualidade, ação), de modo que tudo o que possamos conceber se encaixe numa dessas categorias. O raciocínio seria então a combinação dessas categorias ou conceitos por meio de regras bem definidas. Curiosamente, tais categorias resultaram no que conhecemos hoje como classes gramaticais: substantivo, adjetivo, verbo etc. (não que essas classes sejam um espelho fiel do nosso pensamento; trata-se de mera aproximação feita pelos gramáticos). Igualmente, as regras de combinação das categorias aristotélicas deram origem, de um lado, à lógica e, de outro, à sintaxe. Ou seja, acreditando explicar o pensamento, Aristóteles estava na verdade investigando a linguagem.

A busca pela matéria-prima do pensamento foi retomada inúmeras vezes por vários estudiosos. John Locke, no século XVII, afirmava que tudo o que podemos conceber seria uma combinação de noções de base, ou qualidades, que podem ser primárias (extensão, forma, movimento) ou secundárias (cor, som, sabor). O ser seria a mais primária das qualidades. A "sintaxe" cognitiva de Locke previa a existência de ideias primeiras (aquelas que não podem ser reduzidas a outras ainda mais simples) e de conexões entre elas: identidade/diversidade, correlação, coexistência.

Para Locke, o que entendemos por ouro é algo que nos faz pensar simultaneamente nas propriedades "material", "inanimado", "sólido", "amarelo", "brilhante", "metálico" e "valioso", dentre muitos outros atributos. (Essa abordagem lembra a teoria dos memes de Richard Dawkins, mas eles não são exatamente a mesma coisa que as qualidades de Locke.)

Retomando as ideias dos filósofos atomistas gregos Leucipo e Demócrito, segundo os quais o mundo é composto de partículas mínimas indivisíveis (os átomos), e convencidos de que só é possível pensar por meio da linguagem, Bertrand Russell e Ludwig Wittgenstein, já no século XX, voltaram a propor que qualquer conceito exprimível linguisticamente pode ser decomposto em conceitos cada vez mais simples, até o ponto em que não possam mais ser decompostos.

Pesquisas sobre línguas indígenas norte-americanas também contribuíram para a elaboração de uma "gramática do pensamento". É que a maioria dessas línguas expressa as ideias de forma mais concreta e direta do que as línguas europeias. Por isso, seus enunciados estão mais próximos de uma sintaxe de base.

Decorrência da análise estrutural das línguas foram os estudos de Otto Jespersen, Jerry Fodor, Lucien Tesnière e, sobretudo, Noam Chomsky. Na verdade, Chomsky demonstrou que a língua tem uma estrutura profunda bem diferente da superficial e que a uma mesma estrutura profunda correspondem inúmeras estruturas superficiais distintas.

Fodor e Chomsky também postularam a existência de uma "linguagem do pensamento", ou gramática universal (uma espécie de "mentalês"),[1] situada na estrutura hiperprofunda da linguagem, de que falarei adiante.

Enquanto isso, Louis Hjelmslev distinguia entre significado e sentido: significado é o que se diz, sentido é o que se quer dizer. Por isso, significados específicos de palavras e expressões quase nunca podem ser traduzidos com exatidão entre línguas, mas o sentido de uma frase ou texto sim.

A semiótica cognitiva procura dar conta da cognição de forma mais abrangente do que as teorias precedentes, embora ainda seja uma ciência em projeto. Os desdobramentos das pesquisas nos próximos anos dirão se estamos no caminho certo ou não.

Universalidade e visão de mundo

Todo sistema simbólico criado para comunicar ou raciocinar (a língua que falamos, os gestos, sinais de trânsito, fotos, desenhos, música) é uma linguagem. As linguagens e os discursos que produzem têm algumas características universais, decorrentes de processos biológicos comuns a todos os seres humanos. Por isso, podem ser descritos por um mesmo modelo teórico.

As linguagens, sejam verbais, não verbais ou sincréticas (fusão de duas ou mais linguagens, como o cinema), são compostas por um léxico (conjunto de signos) e uma gramática (regras combinatórias desses signos). Elas são também capazes de gerar novos signos na medida das necessidades e, mais lentamente, modificar as regras de sua gramática. É isso que garante o funcionamento contínuo e eficaz das linguagens em face da constante mudança social.

Outra característica comum é que toda linguagem (re)cria permanentemente, na comunidade em que é usada, um sistema de valores, ou visão de mundo, que é o modo particular, próprio de cada cultura, de ver e pensar a realidade.

Mas, se existe um princípio universal de formação das linguagens, culturas e visões de mundo, o resultado disso é um vasto conjunto de linguagens, culturas e visões de mundo distintas, o que evidencia a riquíssima diversidade cultural e linguística humana. Por operar códigos não estritamente biológicos, como os animais, o homem é a única espécie a criar milhares de códigos para se comunicar e pensar.

O que significa "conhecer"?

Todos os seres humanos percebem o mundo da mesma maneira. Entretanto, a "leitura" que cada povo (e, em menor grau, cada indivíduo) faz da realidade difere em função de seu sistema de valores específico. Um exemplo clássico são as cores: nas línguas europeias, o arco-íris tem sete cores; na língua bassa, de que já falamos anteriormente, tem apenas duas. Isso não significa que os falantes dessa língua percebam as cores de modo diferente; eles apenas dividem o espectro luminoso de outra forma (Figura 3). Onde reconhecemos duas cores distintas (vermelho e laranja, por exemplo), um falante do bassa reconhece dois tons da mesma cor.

Figura 3 – As cores do espectro da luz visível em português e bassa, língua africana da Libéria.

O arco-íris em português	O arco-íris em bassa
vermelho	ziza
laranja	
amarelo	
verde	hui
azul	
anil	
violeta	

Não podemos conhecer a realidade tal qual ela é devido, primeiramente, às limitações dos nossos sentidos e, em segundo lugar, à nossa incapacidade de apreendê-la em si. O mundo real só pode ser pensado depois de interpretado em termos de uma cultura, isto é, traduzido em alguma linguagem, com seu respectivo sistema de valores. Isso implica um duplo processo de filtragem da informação potencial existente no meio (Figura 4). O real é filtrado primeiro pelos sentidos (filtragem biológica) e depois pela cultura (filtragem cultural).

Figura 4 – Processos de filtragem

Como se dá então a transformação dos dados da experiência, captados pelos sentidos, nos conceitos e signos com os quais pensamos?

As estruturas mentais e a "física" do pensamento

As teorias mais modernas apontam para a existência de vários níveis ou estruturas mentais através dos quais passam as informações vindas do meio até se transformarem em pensamentos e daí em signos, que tornam possível a comunicação.

O primeiro desses níveis é imediatamente posterior à percepção biológica e, ao mesmo tempo, anterior ao tratamento da informação por qualquer linguagem. É a estrutura hiperprofunda, nível da conceptualização, isto é, da construção de modelos mentais que vão originar significados nos mais diversos códigos. É o nível em que são produzidos os recortes culturais (as divisões da realidade percebida, como no caso das cores do arco-íris).

Traçando um paralelo com a física, fatos do mundo real são interações entre objetos formados de átomos ou de partículas ainda menores. Se o pensamento é a representação mental da realidade exterior, então a mente seria povoada por "objetos" (conceitos) compostos de partículas mínimas hierarquicamente organizadas, os quais interagem por meio de relações lógicas e abstratas. Isso explicaria por que substância, qualidade e ação são categorias universais e por que classes como substantivo, adjetivo e verbo existem em todas as línguas – ainda que, no plano da superfície discursiva, possam estar mascaradas em algumas delas.

Uma vez destacados do *continuum* da realidade percebida, os recortes são mentalmente analisados e decompostos em "partículas elementares" da significação, por analogia com os elétrons, quarks e léptons que constituem toda a matéria. Essas partículas chamam-se núons (do grego *noûs*, "mente, pensamento"), algo como as qualidades fundamentais de Locke, mas definidas com rigor matemático.

Embora o modo de conceptualizar o real varie entre culturas, todos os conceitos são formados de núons, e estes, embora em grande número, devem ser os mesmos em todas as culturas, afinal são provavelmente de natureza biológica e dizem respeito ao modo como o homem percebe – e concebe – o mundo. O núon equivale a um bit de informação na rede neural do cérebro.

Assim como as partículas elementares habitam o universo físico e são governadas por leis matemáticas, os núons atuam dentro do chamado universo semiótico, onde são regidos pelas regras da sintaxe hiperprofunda. Aliás, respeitadas as diferenças, tanto no universo físico quanto no semiótico, partículas se agrupam em complexos maiores que interagem uns com os outros, mantêm relações entre si, mudam de estado, se desorganizam e reorganizam, realizam e sofrem ações, num movimento incessante. Para entendermos como isso funciona, vamos primeiro recordar alguns princípios fundamentais da física.

O universo físico é concebido como um espaço-tempo quadridimensional, formado pelas dimensões comprimento, largura, altura e tempo. Assim, a localização de qualquer corpo em relação a um sistema de referência é dada por quatro variáveis representadas por x, y, z e t.

Os corpos são formados de matéria e dotados de energia, em diferentes estados de movimento e em interação entre si. Toda matéria é formada de moléculas, que são grupamentos de átomos, por sua vez formados de partículas elementares.

Segundo as leis de Newton, todo corpo se encontra em inércia ou movimento acelerado. A inércia, que é a conservação do estado de movimento, pode ser de dois tipos: repouso (ausência de movimento) ou movimento uniforme (movimento em linha reta com velocidade constante). Já o movimento acelerado consiste na mudança do estado de movimento (mudança de velocidade ou direção) sob a ação de uma força. Se há aceleração, há uma força atuante; portanto, a inércia é a ausência de forças.

No espaço físico, os fenômenos são descritos por equações matemáticas que envolvem as grandezas básicas (posição, tempo, massa, energia) sempre em relação a um sistema de referência, que toma arbitrariamente uma localidade do espaço como o ponto de coordenadas "zero", ou origem do sistema ($x, y, z, t = 0$).

Mas o que isso tem a ver com o universo semiótico? Para compreendermos como a mente concebe a realidade, temos de admitir um universo mental tridimensional, formado pelas dimensões pessoa, lugar e tempo. Nele, toda descrição da realidade (todo enunciado, linguístico ou não) toma como referência um ponto "zero" de coordenadas "eu", "aqui" e "agora". Todos os eventos concebíveis pela mente se organizam em termos das oposições eu/você/ele, aqui/lá, presente/passado/futuro (Figura 5).

No universo semiótico, todos os fenômenos envolvem a interação entre conceitos, que se enquadram nas categorias *entes*, *processos* e *atributos*. Entes são "coisas", no sentido mais geral do termo. Atributos são as qualidades – permanentes ou transitórias – dos entes ou os estados em que se encontram. Um estado é a relação entre um ente e seus atributos ou entre dois ou mais entes. Processos são as mudanças de estado, isto é, mudanças de atributos ou de relações entre entes.

Os próprios entes e processos não são outra coisa senão complexos de atributos unidos de forma organizada e hierarquizada, como átomos em moléculas. Cada atributo pode ser traduzido, à maneira de um dicionário, em outros atributos cada vez mais simples, até chegarmos a atributos mínimos (os núons). Cores, cheiros e noções como "espaço", "tempo", "existência" e "negação" são todos núons.

Figura 5 – Sistema de referência do universo semiótico, no qual se desenrolam os fenômenos cognitivos. Os três eixos representam as dimensões pessoa, espaço e tempo.

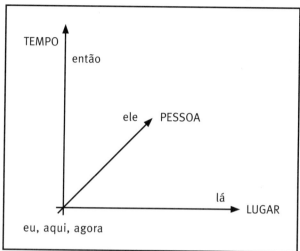

Podemos enunciar para os fenômenos semióticos leis similares às de Newton. Em primeiro lugar, um ente pode encontrar-se numa das configurações a seguir.

- **Estado** (conservação dos seus atributos):
  - *estático*: o Sol brilha, a criança está dormindo, Pedro é médico.
  - *dinâmico*: as crianças brincam, o cavalo corre nos campos, o dia passa.
- **Processo** (mudança de estado e, portanto, de atributos):
  - *espontâneo*: o gato morreu.
  - *induzido*: o cão matou o gato.

Em segundo lugar, um enunciado semiótico pode ser descrito por "equações" como as da Tabela 1.

Nessas equações, E representa ente, a representa atributo, a seta indica ocorrência de processo, os sinais $\cup$ e $\cap$ significam respectivamente conjunção e disjunção entre entes, e o símbolo <c> (operador causal) indica o processo induzido. A representação matemática da sintaxe conceitual envolve outros símbolos (negação, reversão, encaixe, operadores modais), bem como permite a construção de estruturas geométricas em forma de árvore (semelhantes ao organograma de uma empresa). Os enunciados conceituais podem ser encaixados uns nos outros por coordenação ou subordinação, gerando sequências muitíssimo complexas, em alguns casos só possíveis de ser processadas por computador. Uma simples frase como *Joãozinho não foi à escola hoje* pode implicar dezenas de enunciados interligados, numa estrutura tão complexa quanto uma molécula de DNA. É por isso que dotar uma máquina de um nível avançado de inteligência artificial é tão complicado.

Tabela 1

TIPO DE EQUAÇÃO		ENUNCIADO LINGUÍSTICO	ENUNCIADO CONCEITUAL
Equação de estado		O Sol é quente. O tempo passa.	$E(a)$
		Pedro tem dinheiro.	$E_1 \cup E_2$
		Pedro não tem dinheiro.	$E_1 \cap E_2$
Equação de processo	Espontâneo	O gato morreu.	$E(a_1 \rightarrow a_2)$
		Pedro perdeu o dinheiro.	$E_1 \cup E_2 \rightarrow E_1 \cap E_2$
	Induzido	O cão matou o gato.	$E_1 <c> E_2(a_1 \rightarrow a_2)$
		Pedro deu o dinheiro a Paulo.	$E_1 <c> (E_1 \cup E_2 \cap E_3 \rightarrow E_1 \cap E_2 \cup E_3)$

Os enunciados conceptuais expressos por essas equações dão origem, numa etapa posterior, a uma variedade de enunciados concretamente realizados, seja em que código for. O léxico e a gramática conceituais traduzem todas as nossas experiências, sejam intelectuais, sensíveis ou de qualquer outra natureza.

Agora fica clara a diferença entre o que se diz e o que se quer dizer: o significado profundo (sentido) de *o cão matou o gato* é: o cão fez o gato passar de um estado "vivo" a um estado "não vivo".

Conceitos universais e culturais

Os conceitos dividem-se em duas categorias: protoconceitos (universais), comuns a todas as culturas e decorrentes da natureza biológica da mente (Sol, bom, morrer), e conceitos culturais (caneta, Natal, democracia), específicos de uma cultura, disponíveis para formar signos nas diversas linguagens dessa cultura. Os conceitos culturais ocupam um nível um pouco menos profundo que o dos universais.

Os protoconceitos permitem a "tradução" entre linguagens pertencentes a culturas diferentes (dois idiomas distintos, por exemplo). Já os conceitos culturais são os responsáveis pela diversidade de visões de mundo. Mas, por estarem na base da visão de mundo de cada povo, esses conceitos garantem igualmente a reiteração dessa visão em todas as linguagens utilizadas por esse povo.

Cada comunidade cultural tem seu léxico conceptual exclusivo. Desse modo, os significados dos signos de uma linguagem não podem ser transplantados diretamente para outra, em especial quando se trata de linguagens de comunidades distintas. No entanto, a informação potencial contida nos discursos produzidos numa linguagem sempre pode ser traduzida para outra, dentro ou fora da mesma cultura. Isso permite transformar um livro em um filme, bem como dublar para o português um filme falado em inglês, pois o que se traduz não é o significado, privativo de um dado código, mas o sentido, anterior e comum a todos os códigos.

Diferenças culturais acentuadas tornam ainda mais evidente a impossibilidade da perfeita tradução entre línguas a partir da estrutura superficial. Em tupi, a expressão *xe katu* (literalmente, "meu bom") pode ser traduzida como "eu sou bom" ou "minha bondade". Só o contexto pode discernir entre essas possibilidades. Conceitualmente temos EU(bom), ou seja, os conceitos [ser humano], [qualidade positiva] e [estado estático].

O nível conceptual pode ser comprovado em situações como quando não lembramos uma palavra mas sabemos o seu significado ou quando ouvimos uma conferência em língua estrangeira e, tempos depois, lembramos seu conteúdo mesmo sem lembrar em que idioma foi proferida.

Conceitos e linguagens

Outra característica do conceito é que ele sempre contém mais núons que cada um dos signos que gera, já que contém os traços semânticos de todos os signos que permite gerar. Assim, o conceito [cavalo] pode ser expresso pela palavra *cavalo*, por um desenho ou escultura, pela imitação do relinchar, por uma onomatopeia ou outros signos.

Quando digo *cavalo*, faço as pessoas pensarem no animal, mas não dou qualquer informação adicional sobre ele: não dá para saber, ouvindo a palavra, se o cavalo está selado, em movimento, nem seu tamanho, idade ou cor. Já a foto colorida de um cavalo traz informações sobre cor, tamanho, o local onde se encontra, seu estado de movimento (deitado, em pé, trotando, correndo) e eventualmente seu sexo e idade (adulto ou filhote). Entretanto, uma fotografia é uma representação bidimensional, que não informa sobre profundidade ou perspectiva, o que só uma imagem tridimensional pode fazer. Já numa radionovela, sugere-se a presença de um cavalo em cena imitando-se o ruído do trote. Nesse caso, não podemos saber a cor nem o sexo do cavalo, mas pensamos de imediato num cavalo em movimento.

Como resultado, cada um dos signos utilizados em nossa cultura para representar o conceito [cavalo] comporta certo número de informações, mas não todas as que o conceito abrange. Há, aliás, certos traços associados à ideia de cavalo que nenhum signo é capaz – até o momento – de comunicar, como o cheiro do animal (ainda não inventaram fotografia nem televisão com odor!), certamente um dos traços mais fortes do conceito.

A "química" dos conceitos

Como os conceitos mantêm intersecções e sobreposições, os núons comuns a vários conceitos ([cavalo], [égua], [potro], [cavalgar], [equestre], [equitação]) constituem um "núcleo nuônico" em torno do qual se estabelecem vários campos semânticos. Conceitos diferentes podem ter um mesmo núcleo e núons periféricos diferentes ou ter núcleos diferentes e partilhar núons periféricos. Conceitos distintos ligam-se pelo compartilhamento de núons, num processo semelhante ao das ligações químicas em que átomos partilham elétrons e formam moléculas (Figura 6). Isso permite construir enunciados conceituais que serão as matrizes de enunciados verbais, como a frase *o homem morreu*, e não verbais, como a cena de um homem morrendo num filme, graças à compatibilidade semântica (chamada de isotopia) entre os núons de [homem] e [morrer], o que não é o caso de *a mesa morreu*.

Figura 6 – Esquema de uma isotopia entre dois conceitos – conceitos diferentes podem ter um mesmo núcleo e núons periféricos variados ou ter núcleos diferentes e partilhar núons periféricos.

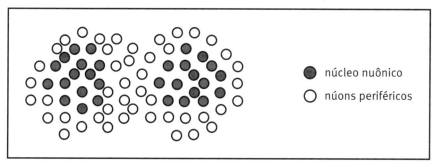

Os campos semânticos formam uma rede onde os fios são os campos e os nós (cruzamentos de fios) são os conceitos (Figura 7). Cada conceito é o ponto de cruzamento de muitos campos semânticos, e cada campo é uma família de conceitos inter-relacionados.

Figura 7 – A rede semântica é como uma malha multidimensional, na qual os "nós" são os conceitos e os "fios" são os campos semânticos – cada conceito é o ponto de cruzamento de muitos campos semânticos.

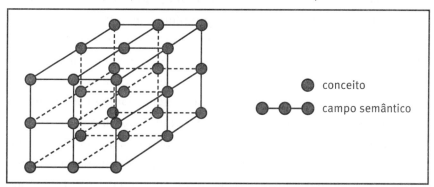

Reconstrução permanente

A visão de mundo de cada um é (re)construída a cada pensamento, concebido como um diálogo interior por meio de signos verbais, não verbais e sincréticos. Igualmente, a visão de mundo de uma comunidade se (re)constrói a cada ato de comunicação entre os seus membros. A acumulação desse conhecimento é o que chamamos de cultura. O conjunto de todos os núons constitui aquilo a que vários pensadores, dentre os quais Vernadsky e Teilhard de Chardin, chamam de noosfera.

Assim como as línguas, todas as visões de mundo obedecem a princípios universais de formação. Descobrir o alfabeto com o qual é possível "escrever" essas visões significa criar uma metalinguagem que descreva qualquer sistema cognitivo, não importa dentro de qual cultura.

O objetivo final dessas investigações é criar uma "teoria de tudo" em matéria de linguagem e cognição: assim como os físicos perseguem um modelo que unifique a relatividade geral e a mecânica quântica, a semiótica cognitiva busca unificar as teorias semióticas disponíveis, suprindo suas limitações. Muito ainda falta caminhar nessa direção, mas as perspectivas são as mais promissoras.

A "LÍNGUA" DO PENSAMENTO

Por mais distintas que as línguas sejam, praticamente tudo que pode ser dito em uma língua pode ser dito nas demais. Certas palavras não encontram equivalentes exatos em outros idiomas (especialmente as ligadas às particularidades de cada cultura), as estruturas sintáticas são muito diferentes, mas o sentido geral das frases tende a permanecer o mesmo. Tanto que, salvo em traduções de poesia, em que a expressão é tão importante quanto o conteúdo, o que se traduz num texto é o seu sentido geral e não o significado termo a termo, a chamada tradução literal, que muitas vezes conduz a enunciados sem sentido.

Essa possibilidade quase irrestrita de tradução é possível porque o "sentido geral" a que estou me referindo é algo que transcende a língua. Trata-se de uma representação mental que fazemos da realidade e que prescinde de palavras. Mas tampouco se dá por imagens ou outros símbolos dotados de um significante material. Tanto que cegos de nascença, surdos-mudos e indivíduos privados da linguagem por alguma patologia são perfeitamente capazes de pensar e compreender a realidade.

Também comprovam a existência dessa representação mental puramente abstrata situações como quando alguém diz algo e, tempos depois, lembramos o que foi dito mesmo tendo esquecido as palavras exatas. A ideia de que pensamos independentemente da língua que falamos e mesmo de outros sistemas simbólicos (sons, gestos, desenhos, esquemas) é bem antiga e tem inquietado muitos pensadores e cientistas ao longo do tempo.

Desde a Grécia antiga até os dias de hoje, as diferentes teorias da linguagem pressupõem certos princípios básicos:

a. tudo o que podemos pensar se enquadra fundamentalmente em três categorias: "coisas", qualidades e ações (ou estados);
b. o pensamento é similar à própria linguagem, com uma espécie de vocabulário (conceitos) e gramática (combinatória desses conceitos);
c. certos conceitos e operações mentais são universais, isto é, estão presentes em todos os seres humanos, não importa sua cultura ou a língua que falem;
d. todos os conceitos, por mais complexos que sejam, podem ser reduzidos a um relativamente pequeno número de conceitos de base, não redutíveis a conceitos ainda menores.

Decorre desses princípios que o pensamento é uma combinação sintática de conceitos que, por sua vez, seriam "pacotes" estruturados de atributos mínimos. (Como vimos na seção anterior, esses atributos mínimos se chamam núons.)

Estudos empreendidos ao longo de décadas por Noam Chomsky sobre a aquisição da linguagem pela criança e a competência linguística (isto é, a capacidade de falar uma língua independentemente do nível cultural) demonstraram que, por mais pobres que sejam os estímulos vindos do meio, toda criança aprende a falar muito cedo e é capaz de formular corretamente frases que jamais ouviu antes.

Para Chomsky, há um inatismo na linguagem: não importa em qual língua a criança seja criada nem quanto (ou quão pouco) esforço os adultos circundantes dediquem a educá-la, ela sempre aprende a dominar o código com total competência. (Não estou falando aqui de dominar a norma-padrão, que, por sinal, a maioria das línguas não tem, mas de ser plenamente capaz de comunicar-se com seus semelhantes.)

Para explicar esse paradoxo, Chomsky postula que a aptidão linguística é inata e se dá por meio de módulos cerebrais. É como se o cérebro fosse o hardware no qual já viesse de fábrica um sistema operacional capaz de processar qualquer *software* linguístico (isto é, qualquer língua). A esse sistema pré-instalado Chomsky chamou de Gramática Universal (GU). Assim, se o cérebro é como um computador, a GU é a plataforma (como o Windows®, por exemplo) na qual roda o "*software*" linguístico instalado (no nosso caso, algo como o programa "portugues.exe"). A fala é então o produto do processamento desse programa, como o papel que sai da impressora.

Mas, se não pensamos só com palavras, a GU, sendo uma plataforma de processamento linguístico, provavelmente ainda não é o sistema de base do pensamento: deve haver um sistema ainda mais básico, que permite "rodar" não só línguas como todos os demais códigos simbólicos já inventados ou por inventar.

Em 1975, o filósofo cognitivista Jerry Fodor publicou *The language of thought* (A linguagem do pensamento), em que propõe a existência de uma espécie de linguagem (LOT, na sigla em inglês) subjacente aos processos mentais. De modo geral, a teoria sustenta que o pensamento segue regras análogas às da língua. Só que sem palavras ou qualquer outro tipo de signos. Seria uma linguagem puramente abstrata, cuja representação simbólica para fins operacionais se assemelha a equações matemáticas. Essa "linguagem", biológica (portanto, inata) e situada no nível hiperprofundo da mente, vem sendo chamada de "mentalês" por vários pesquisadores das ciências cognitivas e da neurociência.

Várias teorias paralelas à GU e à LOT têm sido desenvolvidas. Dentre as mais importantes estão a noêmica de Bernard Pottier, a semântica cognitiva de François Rastier e a psicologia cognitiva de Steven Pinker. É importante dizer que todas as teorias, apesar das diferenças, são tributárias de um mesmo princípio, já intuído pelos gregos na Antiguidade. Como diria Mário Quintana, não há nada que possamos pensar que algum grego já não tenha pensado.

SOB O JUGO DA METÁFORA

Já vimos na seção "A língua mais antiga" como o parco vocabulário das primeiras línguas faladas pelo homem se enriqueceu por meio da metáfora. Já que, inicialmente, só havia palavras para designar coisas concretas, a abstração se deu usando os termos já existentes em sentido metafórico. Mas esse não foi um processo exclusivo dos tempos pré-históricos. Na verdade, o uso metafórico de um vocábulo é até hoje o modo mais eficiente de produzir novos sentidos a partir de palavras já existentes.

Se pararmos para observar, veremos que quase todas as expressões utilizadas no dia a dia representam usos metafóricos – alguns dos quais já tão desgastados que nem nos damos mais conta deles.

Esse mecanismo de falar sobre coisas novas lançando mão de uma analogia com as já conhecidas é tão importante para o pensamento humano e tão frequente na comunicação diária que mereceu um capítulo à parte nos estudos semânticos, respondendo pelo nome científico de metáfora cognitiva.

Metáfora porque se trata de deslocar a palavra do seu contexto original para outro, em que ela ganha um novo sentido, e cognitiva porque configura o próprio modo como o ser humano concebe a realidade. Cognição vem de conhecer, e só conhecemos o mundo por meio da linguagem, criando modelos mentais dos fatos reais e reaplicando esses modelos a novas situações que apresentem semelhanças com as já vividas.

A metáfora cognitiva parte do concreto para falar do abstrato, mas algumas vezes pode fazer o caminho inverso. Por exemplo, o espaço é para nós algo mais palpável do que o tempo. Por isso, costumamos usar referências espaciais para falar do tempo (*daqui a uma hora*, *dentro de cinco minutos*), o que significa que concebemos o tempo como uma estrada na qual caminhamos: o caminho já percorrido é o passado, o caminho pela frente é o futuro, o lugar onde estamos, o presente; um intervalo de tempo é um trecho dessa estrada. Aliás, a própria palavra *intervalo* remete ao espaço entre dois troncos de uma paliçada (*vallum* em latim), portanto uma metáfora espacial.

Ao contrário, podemos falar do espaço usando noções de tempo ("antes da esquina", "depois da farmácia"), estabelecendo uma equivalência (uma isotopia, diríamos tecnicamente) entre *antes*, *durante* e *depois* e *aquém*, *em* e *além*.

Mas há muitíssimas outras metáforas cognitivas. Quando um jornalista se refere às suas fontes de informação, está inconscientemente fazendo uma analogia com a água que emana de uma nascente. Quem promove um evento está movendo algo para frente (*pro* = adiante). Quando se diz que alguém subiu na vida, ou que é um alpinista social, a imagem é de uma escada ou montanha em que os mais ricos e poderosos ocupam as posições mais altas. Expressões como *sob controle*, *subjugar* etc., visualizam o poder como uma situação em que o dominador está em cima e os dominados embaixo, como um jugo que se põe sobre o pescoço dos bois. Já *governo central* e *centralizar o poder* passam a ideia de que os dominados "gravitam" em torno de um centro de poder como os planetas giram em torno do Sol.

Desenvolver uma narrativa ou um argumento (e, por extensão, desenvolver qualquer coisa) é literalmente desenrolar (em espanhol, *desarrollar*) o rolo de pergaminho em que se escreviam os livros antigamente. A propósito, há muitas metáforas cognitivas relacionadas ao ato de escrever. *Lavrar* (ou *exarar*) um documento remete ao arado que lavra a terra, já que na Antiguidade se escrevia em tabuinhas de argila que lembravam o solo. O instrumento usado para sulcar essas tabuinhas chamava-se *stilus*, "estilete", de onde surge a noção de estilo como o modo particular de redigir. Já o texto (da mesma raiz de *têxtil*) é o tecido, produzido linha a linha como num tear. E por isso mesmo as narrativas têm uma trama, um enredo (que vem de *rede*), tal qual uma fazenda.

Descobrir o que não se sabe é retirar a cobertura representada pela ignorância. Revelar é tirar o véu do que estava oculto. Esclarecer é tornar claro (portanto, o conhecimento é luz, a dúvida é escuridão). Conceber um projeto é como conceber um bebê. Lançar um olhar sobre algo é fazer nossos olhos irem até o objeto observado e trazerem a imagem de volta até nossa mente. Expressar os sentimentos é empurrá-los para fora (latim *ex* = para fora, *pressare* = empurrar, apertar), resultando daí a própria imagem de que sentimentos são coisas que estão guardadas dentro de um recipiente (no caso, o coração). Por isso mesmo, quem *põe para fora* o que sente está *se abrindo*.

Também a cabeça é vista como um receptáculo de pensamentos. Tanto que, antes de significar "cabeça", o latim vulgar *testa* denominava um tipo de pote. A palavra alemã para cabeça, *Kopf*, é da mesma raiz de *copo*. É por essa razão que usamos expressões como *tirar algo da cabeça*, *não ter nada na cabeça* e *cabeça vazia*.

O acúmulo de pensamentos deixa a pessoa "de cabeça cheia", e a culpa "dentro de nós" torna nossa consciência "pesada". Por sinal, línguas distintas fazem diferentes representações metafóricas da realidade, que revelam diferentes visões de mundo.

Nós brasileiros dizemos que temos algo em nossa mente (em = dentro), enquanto os falantes do inglês dizem *something on my mind* (on = sobre). Isso revela que nós concebemos a mente como um recipiente que contém pensamentos, e eles, como uma tela sobre a qual os pensamentos passam como um filme.

Do mesmo modo, dizemos *ligar para alguém* e *atender ao telefone*, dando a ideia de conexão e de atenção, ao passo que os ingleses dizem *make a phone call* e *answer the phone*, portanto eles "chamam" alguém e "respondem" a um chamado. E quem pega uma doença toma de fato a enfermidade nas mãos e a leva para dentro do corpo? E romper um contrato ou um relacionamento não é como arrebatar a corda que nos liga a outra pessoa? E não será por isso que o indivíduo apaixonado diz que está amarrado em alguém?

Os exemplos poderiam se estender indefinidamente (como um elástico?), mas vou parando por aqui, antes que o leitor ache que eu estou "enrolando".

O BOM E O MELHOR

As gramáticas afirmam que os adjetivos e os advérbios de modo possuem dois graus: comparativo e superlativo. A primeira coisa que precisa ser dita a respeito disso é que os graus do adjetivo e do advérbio na verdade são três: o grau "zero", normal ou neutro (*este livro é bom; ele escreve bem*), o comparativo (*este livro é melhor do que aquele; ele escreve melhor do que eu*) e o superlativo (*este é o melhor livro que já li; ele escreve o melhor que consegue*). Não se deve esquecer também que o comparativo pode ser de igualdade (*tão bom quanto*), de superioridade (*melhor do que*) ou de inferioridade (*menos bom do que*), e o superlativo pode ser absoluto (*ótimo, muito bom*) ou relativo (*o melhor*).

Em português, só os adjetivos *grande, pequeno, bom* e *mau* e os advérbios *bem* e *mal* admitem formas comparativas sintéticas, herdadas do latim: *maior, menor, melhor* e *pior*. Os demais adjetivos e advérbios formam o comparativo e o superlativo de forma analítica: *mais rico, mais facilmente* etc.

Porém, se considerarmos *muito* (*ele tem muito dinheiro*; *ele trabalha muito*) e *pouco* (*ele tem pouco dinheiro*; *ele trabalha pouco*) como adjetivos ou advérbios – as gramáticas os classificam como pronomes indefinidos –, então teremos mais dois comparativos sintéticos em português: *mais* e *menos* (*ele tem mais dinheiro do que eu*; *ele trabalha menos do que seu irmão*).

Segundo as gramáticas, *bom, mau, grande, pequeno, muito* e *pouco* são adjetivos primitivos, enquanto *melhor, pior, maior, menor, mais* e *menos* são derivados, se não etimologicamente, ao menos semanticamente. Afinal, *melhor* é literalmente "mais bom", *maior* é "mais grande" (em Portugal, não é proibido usar *mais grande* e *mais pequeno* no lugar de *maior* e *menor*).

De acordo com certos princípios lógicos e com o bom senso, isso implica que é preciso primeiro saber o significado de *bom* para compreender o significado de *melhor*, não é?

Pois experiências conduzidas por linguistas e neurocientistas têm demonstrado que, para a cognição humana, "bom", "mau", "grande", "pequeno" etc., são conceitos subjetivos e relativos, ao passo que "melhor", "pior", "maior", "menor" são objetivos e absolutos. Para definir o que é grande ou pequeno, é preciso primeiro ter uma noção do que seja maior e menor. Parece absurdo? Nem tanto.

Os experimentos, realizados com crianças e adultos de variados graus de escolaridade e pertencentes às mais diversas culturas – de universitários suecos a aborígines australianos –, mostram que a noção de comparação é universal: dados dois objetos de mesma natureza (por exemplo, duas pedras) e tamanhos diferentes, em 100% dos casos os informantes determinam com precisão qual é o maior ou o menor. No superlativo, a comparação se dá entre três ou mais objetos. A estratégia nesse caso é comparar os objetos dois a dois para determinar qual é o maior (ou o menor). Ou seja, o superlativo é um comparativo entre um objeto e um conjunto de outros objetos (*Paulinho é o melhor aluno da classe* equivale a *Paulinho é melhor do que qualquer outro aluno da classe*).

Mas esses experimentos mostram que as noções de "grande" e "pequeno" dependem de referencial. (É evidente, o mesmo se aplica aos conceitos de "bom" e "mau", "novo" e "velho" etc.) A formiga é grande ou pequena? E o elefante, é grande ou pequeno? Se comparada a um átomo, uma formiga é gigantesca. Já o elefante, em relação ao Sol, parecerá minúsculo.

Então, como sabemos se algo ou alguém é grande ou pequeno, bom ou ruim, novo ou velho, rico ou pobre? Na verdade, o que essas experiências indicam é que todo ser humano possui uma espécie de aptidão estatística inata, capacidade intuitiva de estabelecer médias ou padrões. Na prática, estamos o tempo todo comparando coisas mentalmente. Por isso, quando digo que uma formiga é pequena e um elefante é grande, provavelmente estou tomando como padrão de medida o meu próprio tamanho. Nesse caso, dizer que a formiga é pequena equivale a dizer que ela é menor do que eu – ou os humanos em geral. Em resumo, *grande* significa "maior do que o normal, a média, o esperado".

Da mesma forma, quando se diz que fulano é rico, o que está implícito é que ele tem mais dinheiro do que a maioria. O surpreendente aí é que, sem nos darmos conta, estamos o tempo todo estabelecendo médias e comparando os fatos da realidade a essas médias. A prova foi muito difícil? É porque ela deve ter sido mais difícil do que a média que eu estabeleci (a maioria das provas que já fiz). Não é à toa que o que é difícil para uns é fácil para outros. Noções como "bem" e "mal" são relativas. Por isso, a própria ética é uma mera convenção social e não uma ciência. Afinal, não se pode determinar objetivamente o que seja bom ou mau; o que os filósofos, legisladores e líderes religiosos fazem é estabelecer um padrão com base numa média de comportamentos. Por exemplo, se todos cometerem assassinato, a sociedade se autodestrói. A convivência pacífica é melhor do que o crime, o que a leva a ser tomada como padrão. O homicídio então é considerado um desvio da norma.

Essa ideia de norma – e de "normal" – existe em todos os povos, até entre os que desconhecem a matemática e não contam além de três, como os ágrafos. Isso parece indicar que, em algum lugar de nosso cérebro, operamos um cálculo intuitivo em que atribuímos valores quantitativos até a conceitos qualitativos como "bom" e "mau".

Nosso julgamento da realidade se processa como uma equação em que somamos esses valores e os dividimos pelo total para obter médias. É claro, isso se dá por estimativa: para afirmar que fulano é rico não preciso somar a renda anual dos brasileiros e dividir pelo número total de habitantes. Mesmo sem conhecer a exata renda média do brasileiro, sabemos intuitivamente se um indivíduo em particular está acima ou abaixo desse padrão.

O problema é que sociedades diferentes adotam padrões distintos para tudo: o que é belo num lugar e período pode ser feio em outro; os gostos variam, as opiniões e crenças, idem. O grau de pontualidade de cada povo depende da conceituação subjetiva e cultural do que seja "cedo" ou "tarde". Comer saúva frita causa repulsa em muitos lugares, mas para os chineses se trata de uma iguaria afrodisíaca.

Embora nem mesmo as concepções de bem e mal sejam universais, a convicção de que existe um Bem e um Mal absolutos tem levado à intolerância, ao preconceito, a conflitos religiosos e perseguições ideológicas de todo tipo.

Expressões como *menos ruim* – que é diferente de *melhor* – indicam que, ao comparar duas coisas, a primeira é melhor que a segunda (ou a segunda é pior que a primeira, tanto faz), mas ambas estão abaixo da média, portanto ambas são ruins. Já a expressão *melhor* indica que ao menos uma é boa, está na média ou acima dela em termos de qualidade.

A descoberta de que, em matéria de comparativos, o primitivo é derivado e vice-versa traz uma série de implicações ao estudo do funcionamento do cérebro humano e ao da língua. E mostra que a gramática nem sempre se baseia em princípios científicos.

O poder da abstração

O QUE OS SIGNOS SIGNIFICAM?

Para que servem as palavras? Essa pergunta pode parecer absurda, mas, se pararmos para refletir, veremos que elas são nossa principal conexão com o mundo. Simplesmente não podemos conceber aquilo que não podemos nomear. As palavras são os signos que mais diretamente representam nossa visão de mundo. É evidente que palavras frequentemente podem ser decompostas em signos menores, mas não pensamos nem nos expressamos por radicais ou afixos: são as palavras que estão em nossa memória, estocadas para ser postas em discurso tão logo precisemos delas.

Além disso, nem todas as palavras – talvez só uma minoria – podem ser traduzidas por outros signos, como desenhos, gestos, ruídos etc.

Como vimos em "O cimento do texto", nem todas as palavras representam "coisas" do mundo exterior à linguagem: palavras puramente gramaticais como preposições, conjunções e artigos são o cimento que une os tijolos da comunicação, como substantivos, adjetivos, verbos e advérbios. Estes nos remetem ao "mundo", a vivências físicas ou mentais que abstraímos e guardamos na mente sob a forma de conceitos, que podem representar fatos da natureza, da criação humana, da sociedade ou da nossa subjetividade intelectual e afetiva. Já as palavras gramaticais não representam conceitos, só exercem funções dentro da própria língua, como conectar ou substituir palavras cheias.

A economia proporcionada pela linguagem articulada consiste no fato de que podemos usar um número finito, embora relativamente grande, de signos para dar conta de um número de vivências concretas que tende ao infinito. Isso é possível por meio da abstração, processo que reduz inumeráveis eventos concretos irrepetíveis a uma quantidade de conceitos compatível com nossa capacidade de memorização.

Como isso se dá? Observando o que diferentes eventos têm em comum e desprezando diferenças não significativas entre eles. O que restar é a matriz dos conceitos. Se observarmos uma série de cadeiras, veremos que todas têm assento, encosto, pés, servem para sentar etc. A cor, o material, a presença ou não de estofamento, o número de pés, enfim, tudo o que não é essencial à compreensão do objeto pode ser descartado. Os traços pertinentes, isto é, os que sobraram, formam o conceito de "cadeira" e, consequentemente, o significado da palavra *cadeira*.

Isso é econômico na medida em que não preciso criar uma nova palavra para nomear cada nova cadeira, ou mesa, ou seja lá o que for, que encontro pela frente. Para falar de um novo evento concreto que corresponda à imagem mental que tenho de cadeira, uso a mesma palavra *cadeira* que eu e meu interlocutor temos na memória. Só o contexto, dado pela combinação dessa palavra às demais, e pela situação de comunicação em que me encontro, é que é novo. Portanto, posso usar palavras "velhas" para dar conta de vivências novas.

Entender como os signos representam a realidade tem inquietado muitos filósofos. No livro x da *República*, Platão diz: "Sempre que um determinado número de indivíduos tem um nome comum, supomos que tenham também uma ideia ou forma correspondente." Para ele, podemos aplicar um substantivo como *árvore* ou um adjetivo como *agudo* a um grande número de coisas distintas porque existem no plano ideal, que ele chamou de "mundo das ideias", entidades abstratas como a "arboridade" e a "agudeza", das quais cada indivíduo compartilha as propriedades.

Mas nem toda palavra cheia representa uma espécie geral abstraída a partir de um sem-número de espécimes particulares. Os nomes próprios, por exemplo, servem para designar um único espécime dentro da espécie e distingui-lo dos demais. Enquanto a palavra *cão* designa uma espécie animal e pode ser aplicada a qualquer representante dessa espécie, *Rex* denomina um cão particular, distinto de *Totó*, *Hércules* ou qualquer outro.

Pode-se objetar que *Rex* nomeia muitos indivíduos ao mesmo tempo – pelo menos, todos os que levam o nome de Rex. Mas enquanto *cão* e mesmo *pastor*, *poodle* e *pequinês* agrupam espécimes que têm muito em comum, a palavra *Rex* agrupa seres que têm em comum apenas o nome Rex, mas podem ser cães, gatos, hamsters ou mesmo objetos inanimados, como a marca de uma ração.

Outra classe de palavra que causa alguma perplexidade são os pronomes. Afinal, um pronome, como o termo diz, é uma palavra gramatical (portanto, vazia) que substitui um nome (portanto, uma palavra cheia).

Há dois tipos de pronomes: mostrativos (ou dêiticos) e fóricos. Dêiticos apontam para fora do discurso; fóricos apontam para algum elemento do enunciado que já ocorreu (anafórico) ou ocorrerá a seguir (catafórico).

Se eu disser *Você não veio trabalhar ontem; isto não deve se repetir*, *isto* é anáfora de *você não veio trabalhar ontem*. Já em *Ouça bem isto: você está demitido!*, *isto* é catáfora de *você está demitido*.

Mas se eu perguntar *O que é isto?*, o que o pronome substitui? Depende do contexto extralinguístico e não do que veio antes ou depois no enunciado. Se eu apontar para uma caneta, obviamente *isto* substitui *caneta*. Aqui temos um dêitico.

A questão é: um pronome, seja ele dêitico ou fórico, é uma palavra vazia que se preenche de significado no contexto linguístico ou extralinguístico. Portanto, é uma palavra gramatical que tem significado, embora seja um significado sempre variável conforme o contexto.

Além de Platão, outros pensadores, como Kant, Frege, Russell e Wittgenstein se fizeram a pergunta "O que os signos significam?". Essa é talvez a mais importante questão da filosofia da linguagem.

Trata-se de constatar que não podemos conhecer o mundo em que vivemos sem a mediação dos signos. Alguns filósofos chegaram mesmo a supor que a própria realidade é uma ilusão criada pela linguagem e, portanto, o conhecimento *em si* é simplesmente impossível.

Aliás, as únicas formas de conhecimento *a priori*, que independem da experiência, são a lógica e a matemática, justamente dois exemplos de linguagem formal.

Ou seja, podemos lidar com a linguagem sem a realidade, mas não podemos lidar com a realidade sem a linguagem.

COMO O *NÃO* REVOLUCIONOU O PENSAMENTO

Falar é algo tão natural que nem nos damos conta da maravilha que é a linguagem. Graças a ela, podemos nos referir a fatos e objetos ausentes, passados, futuros, hipotéticos e mesmo abstratos. Mais do que isso, podemos pensar, sonhar, imaginar – numa palavra, criar mentalmente antes de realizarmos materialmente.

Mas uma outra coisa de que não nos damos conta é que, quando falamos ou pensamos, estamos criando em nossa mente uma outra realidade, uma espécie de "realidade virtual", paralela e, ao mesmo tempo, diferente do mundo real.

Para entendermos isso, é preciso ter em vista que os humanos (exceto os portadores de alguma anomalia sensorial, evidentemente) percebem biologicamente o mundo da mesma maneira. Isto é, os órgãos dos sentidos captam as mesmas imagens, os mesmos sons e cheiros, as mesmas sensações.

Entretanto, cada povo (e, mesmo, cada indivíduo) faz uma análise diferente do mundo que percebe em razão do seu particular sistema de valores. Embora os olhos de todos sejam, em princípio, iguais do ponto de vista funcional, quando um americano avista um mico e um gorila, ele interpreta esses dois espécimes como pertencentes a duas espécies animais diferentes, denominadas em inglês *monkey* e *ape*. Já um brasileiro, ao ver o mesmo par de animais, reconhecerá aí uma única espécie e dirá: estou vendo dois macacos. E o problema é que nem o brasileiro nem o americano percebem o mundo rigorosamente como é: nenhum deles, ao olhar para os animais, vê as células ou os átomos de que são formados.

Portanto, o mundo em que vivemos – ou acreditamos viver – é na verdade um simulacro do real, é o que resta da realidade depois de a informação que dela emana passar por dois filtros: primeiro, o filtro biológico dos sentidos; depois, o filtro ideológico da cultura. Na verdade, por mais paradoxal ou chocante que isso possa soar, o homem não vive no mundo real, vive num mundo que só existe em sua mente e é criado pela linguagem. Esse universo paralelo que habita nossa cabeça é o que chamamos de "visão de mundo".

O mais interessante de tudo isso é que só foi possível ao ser humano fazer essa abstração da realidade graças a um conceito extremamente primitivo e ao mesmo tempo extremamente complexo, que é o conceito do "não".

A ideia de negação só existe em nossa mente – e isso faz toda a diferença. Talvez o *não* seja a essência da própria linguagem. A rigor, o conceito de negação marca a passagem da protolinguagem dos animais e dos primeiros humanos à linguagem articulada do homem moderno.

Em algum momento de sua evolução, o *Homo sapiens* descobriu – e passou a expressar – a ideia do "não". E passou a ter vantagem competitiva em relação a outros animais. Como vimos, a principal propriedade da linguagem é poder referir fatos e objetos ausentes, passados, futuros ou hipotéticos. Um macaco pode apontar uma banana a outro macaco; ambos pensam na banana, mas um macaco não pode, que se saiba, fazer o outro macaco pensar numa banana sem que ela esteja presente. Ele pode até fazer alguns gestos para indicar que há bananas nas proximidades, mas certamente não pode chegar dizendo: "Ei, pessoal, quando eu estava vindo pela floresta, depois de ter fugido de um leão faminto, deparei com uma bananeira enorme, repleta de cachos de bananas; algumas ainda estavam verdes, mas outras já estavam madurinhas e deliciosas!"

Em resumo, um macaco pode reconhecer uma banana, mas não pode conceber uma "não banana". Aliás, só os seres humanos têm a capacidade de abstrair, isto é, de subtrair a substância de que algo é feito e manter apenas a forma (como, por exemplo, retirar mentalmente de um vaso a cerâmica de que ele é feito e reter apenas o seu formato). E subtrair significa tornar ausente ou inexistente, transformar algo em nada, fazer de conta que algo não existe. Isso só é possível se pensarmos em termos do "não". A abstração é a negação hipotética de parte da realidade. E a aptidão simbólica do homem opera basicamente por oposições binárias do tipo sim-não.

Graças ao advento da negação, foi possível criar outras coisas que só existem em nossa mente: os antônimos, as oposições *com/sem*, *mais/menos*, *muito/pouco*, as relações matemáticas de igualdade e diferença, a lógica, a álgebra booleana dos computadores, baseada na oposição 1/0, e outras coisas.

O "não" é um conceito tão primitivo que não permite sua tradução em outros termos ainda mais simples (experimente ver como os dicionários definem o verbete *Não*).[2] Não por acaso, *negação* deriva de *não* e não o contrário. O "não" é tão essencial que podemos conceber uma língua desprovida de palavras gramaticais, como preposições, conjunções, artigos (algumas línguas do mundo de fato não têm tais palavras), mas não existe nenhuma língua que não possua a palavra gramatical que indica a negação. Um exemplo disso é a linguagem telegráfica: para reduzir o custo do envio de um telegrama, podemos suprimir todas as palavras gramaticais, exceto o *não*.

Como o "não" inexiste na natureza, sua criação trouxe inúmeras consequências para o modo como vemos o mundo e concebemos a nós mesmos. Em primeiro lugar, o "não" permitiu conceber o nada (e daí a ideia religiosa da Criação) e o infinito (que é o que não tem fim).

Na verdade, o nada não existe na natureza, ou, como diria Aristóteles, "a natureza tem horror ao vácuo". Se bem que é preciso fazer aqui uma distinção: o vácuo é apenas um lugar do espaço desprovido de matéria, mas, ainda assim, é um lugar, é algo que existe e pode ser detectado; em suma, é alguma coisa concebível, portanto diferente do nada.

Já o Nada (a Inexistência absoluta), por definição, não existe. Ou, segundo Parmênides, "o Ser é, o Não-ser não é". Se o Nada não existe e o Não-ser não é, então a ideia de que o mundo surgiu do Nada, espontaneamente ou por obra de um Criador (anterior e exterior ao mundo, portanto participante do Nada), é apontada tanto por filósofos quanto por cientistas como absurda.

No entanto, essa ideia tem movido a humanidade durante milênios, criado religiões (e conflitos religiosos), alimentado a esperança de uma vida após a morte, a crença no sobrenatural, na justiça divina e em desígnios transcendentais que regem nosso destino. Mesmo que seja possível provar que aqueles que acreditam num Deus ou em deuses (isto é, a esmagadora maioria da humanidade) estão errados, a crença na transcendência é tão inerente ao ser humano que é, ao lado da linguagem – ou por causa dela –, o que nos tornou humanos.

Em segundo lugar, o "não" permitiu conceber o zero da matemática. E o advento do zero não só facilitou a aritmética como impulsionou todo o desenvolvimento da matemática que desaguou na ciência e tecnologia modernas. Aliás, o advento do "não" na linguagem foi tão revolucionário quanto o advento do zero na matemática.

Quanto ao infinito, os paradoxos lógicos que ele gera também parecem indicar que se trata de um mero conceito matemático sem existência real. Mas, então, como conceber um universo finito sem conceber um Nada exterior ao cosmo, aquele lugar "pra lá do fim do mundo"?

A resposta, a ser testada experimentalmente, é igualmente matemática: um universo autocontido, à maneira de um círculo ou uma esfera (só que em quatro dimensões ou mais), que não são infinitos mas tampouco têm extremidades. Todas essas questões lógicas e filosóficas complicadíssimas têm sua origem numa criação aparentemente inocente e óbvia: o "não".

A MATERIALIDADE DO MUNDO É LINGUAGEM

A percepção do real permite abstrações criadoras

Uma pedra é um corpo absolutamente inerte: ela não atua sobre a realidade nem muito menos percebe essa realidade. O máximo que uma pedra pode fazer é sofrer a ação do mundo à sua volta (por exemplo, quando arremessada contra uma vidraça). Já um vírus é capaz de agir sobre a realidade – basta pegarmos uma gripe para nos darmos conta disso –, mas não é capaz de percebê-la, uma vez que não tem órgãos dos sentidos.

Uma formiga percebe o ambiente circundante com seus sentidos, mas muito provavelmente não tem nenhuma concepção do que seja o mundo. O homem não apenas percebe, como "concebe" o mundo. Por meio da linguagem, somos capazes de construir um modelo de mundo em que inserimos imagens mentais de tudo o que conhecemos. E mais: inserimos imagens de coisas que nunca existiram ou já deixaram de existir no real. Ou seja, criamos coisas mentalmente. Nisso consiste a memória, a imaginação, o raciocínio abstrato, a criação artística etc.

O "mundo" que a linguagem cria e no qual imaginamos viver guarda uma grande analogia com o mundo material. Não fosse assim, nossa sobrevivência estaria ameaçada. Entender a linguagem exige entender primeiro o que é o mundo material.

Segundo a física, o universo é formado de matéria, energia, espaço e tempo. Ou, para a teoria da relatividade de Einstein, como o tempo é apenas a quarta dimensão do espaço, e matéria e energia são mutuamente conversíveis, esses quatro componentes do universo podem ser reduzidos a dois: a dualidade espaço-tempo e a dualidade matéria-energia.

Portanto, o universo é um lugar onde coisas (corpos, ondas) dotadas de propriedades (massa, energia) se encontram em estados estáticos (repouso) ou dinâmicos (movimento) num determinado ponto do espaço-tempo. Esses estados são descritíveis por uma linguagem chamada matemática.

Mas antes que os cientistas inventassem a matemática para descrever o universo, os seres humanos já eram dotados de uma outra linguagem que faz basicamente a mesma coisa: a língua. Numa simples frase do português, encontramos coisas (sujeitos, objetos) dotadas de propriedades (adjuntos adnominais, predicativos) que se encontram em estados estáticos (*João dorme*; *os políticos brasileiros são honestos*) ou dinâmicos (*as crianças corriam na estrada*; *o parlamentar recebeu a propina*) num determinado espaço e tempo (adjuntos adverbiais). Não é à toa que toda equação matemática pode ser traduzida em linguagem verbal.

O SENTIDO LINGUÍSTICO DA VIDA

Muitos livros, como *As quatro faces do Universo*, de Robert M. Kleinman, discutem o sentido da existência (e, particularmente, da existência humana), procurando provar, se é que isso é possível, que a nossa vida tem um propósito. Em muitos casos – este é um deles –, criticam a ciência, acusando-a de limitada, de reduzir a realidade à pura matéria, não dando conta da dimensão "espiritual" da existência. (Será que esses livros dão conta dessa dimensão?)

A ideia de que nossa vida não é mero produto do acaso ou do determinismo físico, que somos mais do que um amontoado de células organizadas pela seleção natural e que temos uma missão a cumprir é inegavelmente reconfortante, ainda que não tenhamos nenhuma garantia de que seja verdade. (Aliás, todas as evidências científicas, que tais livros questionam, apontam em sentido contrário.)

O fato é que vários pensadores, tanto místicos quanto racionalistas, vêm ao longo do tempo buscando uma resposta a essa questão. Para eles, sentido não é apenas propósito, mas direção, isto é, para onde vamos.

Não vou tratar aqui dos aspectos ontológicos do problema, que não teriam nada a ver com um ensaio sobre linguagem, mas quero exatamente mostrar o que há de "linguístico" nessa questão.

O emprego da palavra *sentido* para denominar o propósito da existência não é gratuito: afinal, encontrar sentido em algo é descobrir o seu significado, é relacioná-lo a alguma experiência anterior, a alguma vivência que temos armazenada na memória, tal qual uma palavra, símbolo ou gesto evocam na mente uma imagem, concreta ou abstrata, de algo que conhecemos. O propósito dos signos é justamente significar, representar, ou seja, evocar algo à consciência. Portanto, encontrar sentido na vida, no trabalho ou num relacionamento é compreender o que tudo isso significa para nós, a que sentimentos ou vivências está ligado.

Para o filósofo austríaco Ludwig Wittgenstein, que se dedicou à relação entre o pensamento e a linguagem, o significado não existe em si, é arbitrário e estabelecido pelo homem. Isso tem uma série de implicações importantes. Em primeiro lugar, remete à ideia, também presente nas ciências da linguagem e já mencionada anteriormente, de que não vivemos num mundo "real", mas no mundo artificialmente criado pela nossa própria língua.

Em segundo lugar, sugere que muitos dos nossos conflitos existenciais e ideológicos – Deus existe? Por que há o Ser em vez do Nada? E o que é o Nada? O tempo flui ou somos nós que nos deslocamos nele? Mas, afinal, o que é o tempo? O que não pode ser pensado pode existir? Por que estamos aqui? Qual o sentido da vida? – dependem basicamente do significado (arbitrário e culturalmente estabelecido) que atribuímos às palavras *Deus*, *tempo*, *ser*, *nada* etc.

Mais ainda, dependem da própria existência dessas palavras, o que indica, sobretudo no caso de conceitos abstratos, que, inversamente ao que acontece com objetos concretos, é a palavra que institui a "coisa".

Os quasares já existiam antes de tomarmos conhecimento deles, isto é, de criarmos a palavra que os designa. Mas será que "propósito", "sentido", "missão", "consciência", "infinito", "eternidade" existem objetivamente na natureza ou somos nós que, com nossas palavras, criamos esses objetos?

Segundo consta, nós, humanos, somos as únicas criaturas do planeta a fazer perguntas ontológicas, a questionar a nossa própria existência. E isso se dá exatamente porque somos a única espécie dotada de linguagem. (Observe que falo em "linguagem" e não em "comunicação", pois esta todas as espécies superiores têm.) Em outras palavras, é a linguagem que permite a consciência.

Há três grandes mistérios a torturar o intelecto humano: a origem do Universo (e, portanto, de tudo o que existe), a origem da vida e a origem da consciência (isto é, de uma forma de vida que sabe que está viva e que o Universo ao redor existe). Mas este último mistério se prende a um quarto e bem menos explorado: a origem da linguagem.

Quatro condições são necessárias à existência da consciência. Em primeiro lugar, vida: seres inanimados não têm consciência (embora alguns filósofos *new age* afirmem que sim). Em segundo lugar, atividade mental: amebas são vivas mas não conscientes. Em terceiro, memória: só posso compreender que um pássaro em voo está em movimento porque me lembro de que, um instante atrás, ele estava em outro lugar do céu; só posso saber que estou vivo e quem sou porque me lembro do meu passado. Se eu não tivesse memória, cada instante da minha existência seria como o primeiro, e eu viveria um eterno "nascimento". Enfim, a consciência está ligada à sensação, não importa se real ou ilusória, da passagem do tempo.

Finalmente, a quarta condição para a consciência é a linguagem. Animais superiores, como cães e chimpanzés, são vivos, inteligentes, dotados de memória e, no entanto, não parecem ter consciência de si mesmos além de suas sensações, sentimentos e pulsões de satisfazer necessidades fisiológicas.

Eles amam, sentem medo, fome, libido, procuram por comida ou afeto, mas nunca se fazem perguntas ontológicas. E não porque não tenham palavras (muitos animais domésticos compreendem palavras humanas e as relacionam a objetos ou ações), nem porque não tenham conceitos (eles os têm, pois reconhecem padrões familiares, como a casa, a comida, o rosto ou o cheiro do dono), mas porque não têm como associar conceitos para formar enunciados e sobretudo porque não têm conceitos abstratos.

Somente a linguagem humana realiza abstrações, ou seja, cria um mundo "que não existe" a partir do que existe. Por isso, o maior impasse da filosofia não é descobrir se a realidade que vemos está aí ou não (é bem provável que sim, ainda que não seja exatamente como a vemos); é saber se a realidade que só vemos em nossa mente existe fora dela. Enfim, nossa vida tem algum sentido ou somos nós que damos sentido a ela?

A INSUSTENTÁVEL LEVEZA DO NADA

Como já vimos anteriormente, na teoria sígnica de Saussure, a representação da realidade por meio de signos envolve três elementos: o significante, o significado e o referente. Se tomarmos como exemplo os signos verbais (as palavras), podemos, *grosso modo*, fazer corresponder o significante à entrada de um verbete no dicionário, o significado à sua definição, e o referente ao objeto, ou classe de objetos, do mundo real que essa palavra representa.

Mas desde logo se põe a questão de que os "objetos" no caso não são necessariamente "coisas" materiais. Portanto, substantivos abstratos e adjetivos que denotem propriedades morais também têm um referente. Isso porque há quatro tipos possíveis de referentes, ou "fatos" que podemos conceber: os biofatos (coisas e eventos da esfera da natureza), os manufatos (artefatos e processos criados pelo homem), os sociofatos (acontecimentos sociais) e os psicofatos (objetos e processos psíquicos, de existência puramente mental).

A todo enunciado linguístico (ou de qualquer outro código semiótico) subjaz um processo de criação e combinação de conceitos que antecede, perpassa e transcende todas as linguagens. É nesse código abstrato, que, como já vimos, os neurocientistas chamam de "mentalês", que pensamos a realidade e, a seguir, mediante uma série de filtragens, traduzimos nossos pensamentos em enunciados (palavras, desenhos, gestos e outros).

No entanto, entre a realidade e a linguagem que intenta representá-la há uma enganosa distância, que gera paradoxos e impõe percalços ao pensamento. Um desses exemplos é a palavra (e o conceito) "nada".

Como vimos, segundo Parmênides, o Ser é, o Não-ser não é, portanto o Nada é tanto impensável quanto indizível. Se pudesse ser pensado ou expresso, o Nada seria um tipo de ser, o que é contraditório com sua própria definição. Já para Platão, há um Nada absoluto (o Não-ser de Parmênides) e um nada relativo, ao qual se chega por exclusão: quando digo que não há nada dentro da caixa, o que quero dizer é que todos os demais seres estão excluídos.

Nessa segunda acepção, é possível conceber um psicofato que seja o referente de *nada*: trata-se de um ente semiótico de atributos vazios, ou negativos. Mas, e na primeira acepção, a de Nada absoluto? Se todo signo tem significado e referente, qual é o referente dessa acepção de *nada*? (O significado de *nada* pode ser encontrado nos dicionários: "nenhuma coisa", "não existência" etc.)

Por um princípio lógico, se *nada* tivesse referente, não seria "nada" e sim "algo". Estamos então diante do único signo que não tem nem pode ter referente?

Muitos filósofos e pensadores da linguagem se dedicaram a esse problema ontológico-linguístico. Santo Agostinho, Bartolomeu de Carcassonne, Nicolau de Cusa, Leibniz, Locke, Frege, Russell, Wittgenstein, Sartre e Merleau-Ponty são alguns deles. Embora as conclusões a que chegaram sejam por demais complexas para ser expostas aqui, pode-se dizer que o Nada é um artifício da linguagem, assim como todas as palavras negativas (*não, nunca, ninguém* etc.). O real simplesmente existe porque não poderia não existir; e sua existência exclui o Nada por princípio. Logo, a ideia de uma inexistência absoluta é o resultado de uma manipulação linguística.

Em *O ser e o nada*, obra seminal do existencialismo, Jean-Paul Sartre funda a própria existência na consciência de existir e, diferentemente do *cogito* de Descartes ("penso, logo existo"), propõe algo como "penso, logo a realidade existe". Como o pensar não se dá abstratamente, mas apenas por meio de algum código (ainda que seja o já citado mentalês), a consciência é linguística, e o real, inatingível em si, fora do universo dos signos.

Exemplo semelhante da ilusão criada pela linguagem são os paradoxos. Todo paradoxo ao mesmo tempo afirma e nega uma proposição. Se digo *estou mentindo*, então minha própria afirmação é falsa, logo estou dizendo a verdade. Mas se digo a verdade, então é verdade que estou mentindo!

Ora, como um fato real pode, ao mesmo tempo, ser e não ser? Tudo decorre de o estatuto de verdade não ser uma propriedade do real, mas do enunciado que o descreve. Dizer que algo é verdade equivale a afirmar que há uma congruência entre o sentido do enunciado e seu referente, assim como a falsidade é a não congruência entre sentido e referente. Só que, no mundo real (de *res*, "coisas"), não há sentidos ou significados, pois não há enunciados, somente fatos.

Na natureza, não existe paradoxo; a realidade não é contraditória consigo mesma. (Mesmo os chamados paradoxos quânticos não são contradições reais: o gato de Schrödinger só pode estar vivo ou morto em universos diferentes, nunca no mesmo universo. De todas as possibilidades, só uma colapsa em realidade num dado universo.)

De certo modo, a contradição presente no paradoxo resulta da interpretação de um não-ser como ser. Isso significa que o impasse existente em *estou mentindo* é produto de um enunciado que se volta para si mesmo e tem a si próprio como referente.

Se a representação do mundo pela linguagem já é imperfeita, que dizer da metalinguagem, ou representação da linguagem por ela mesma?

A ILUSÃO DA LINGUAGEM

A linguagem é um instrumento tão poderoso que é capaz de criar "realidades virtuais", só existentes em nossa cabeça. E faz isso de maneira tão eficaz que a maioria das pessoas sequer tem consciência de que se trata de uma ilusão. Quando um conceito surge na mente e se materializa na língua em forma de palavra, é como se algo nascesse na realidade física, exterior ao nosso eu. Por exemplo, noções tão abstratas como Deus ou raça parecem tão concretas que muitos chegam a matar ou morrer por elas. Os conceitos que criamos linguisticamente são tão importantes para a nossa concepção de mundo que seria lícito dizer que vivemos muito mais no mundo criado pela linguagem do que no mundo real.

Exemplo disso é a matemática. Há muito se discute se ela é uma descoberta ou invenção humana. A constatação de que o mundo físico é regido por leis matemáticas e a precisão dos cálculos nos dão a certeza de que os conceitos matemáticos existem na natureza, e o que fazemos é traduzi-los em símbolos. Até que ponto isso é verdade?

A matemática é um conjunto de conceitos e definições que se relacionam de modo coerente e aparentemente não contraditório. Mas isso não é garantia de veracidade. Para começar, todo raciocínio matemático parte de uma premissa, à qual se aplicam as regras da lógica, para chegar a uma conclusão. E como todo resultado de um teorema serve de premissa a outro, ao recuarmos nessa cadeia chegamos a premissas primeiras, que não derivam de nenhum raciocínio anterior: são os axiomas. Um axioma é uma espécie de dogma científico. À maneira dos dogmas religiosos, não pode ser provado e exige um "ato de fé" para que o raciocínio possa ser desenvolvido.

Alguns axiomas são bastante contraintuitivos. Um ponto não tem extensão (sua dimensão é zero), mas infinitos pontos juntos formam retas, planos e o próprio espaço. Qualquer porção do espaço, por menor que seja, contém infinitos pontos. E o espaço tridimensional é infinito em todas as direções, assim como o conjunto dos números. Entre dois números quaisquer, por mais próximos que estejam, há uma infinidade de outros números, na maioria irracionais, com mantissa infinita (mantissa é a sequência de algarismos após a vírgula) e não redutíveis a um quociente entre inteiros. Ou seja, a matemática está fundamentada nas noções de infinitamente grande e infinitamente pequeno, e de que tudo é formado de nada.

Já dissemos que o conceito de infinito conduz a paradoxos. E que um paradoxo é outra ilusão da linguagem, que resulta de certas manobras na manipulação de conceitos que nós mesmos instituímos.

Conceitos como infinito ou nada, criados pela mente e nomeados pela língua, geram contradições lógicas que parecem reais mas não são. Se a matemática afirma que qualquer coisa, por menor que seja, pode ser dividida indefinidamente em partes menores e que qualquer conjunto, por maior que seja, sempre pode conter mais elementos, a ciência moderna parece provar o contrário. Nada pode mover-se mais rápido que a luz; portanto, há uma velocidade-limite para os objetos, inclusive para a expansão do Universo. (Aliás, se o Universo está se expandindo, não pode ser infinito: como estender os limites de algo que, por definição, não tem limites?)[3]

Há limites para todas as grandezas. Há uma temperatura mínima (o zero grau Kelvin, jamais atingido) e uma temperatura máxima (a temperatura do Universo no momento do *Big Bang* ou quando a vibração de um corpo atingisse a velocidade da luz, o que também não ocorre). Segundo a física quântica, tudo na natureza assume valores discretos, entre os quais não há intermediários. Existe uma fração mínima (um *quantum*) de espaço, tempo, matéria, energia etc. Logo, não há na natureza pontos de dimensão zero que, somados infinitamente, dão corpo à existência. Tampouco há números irracionais. Aprendemos que pi (3,14159...) é um irracional resultante da divisão da circunferência por seu diâmetro, duas grandezas incomensuráveis. Só que circunferências perfeitas, cuja proporção é pi, só existem em nossa imaginação. O que existe na natureza são objetos materiais de forma circular, portanto, compostos de "pacotes" discretos de matéria. Isso significa que tanto a circunferência quanto seu diâmetro são formados por um número inteiro de *quanta* (plural de *quantum*) de espaço. Logo, a razão entre eles é sempre um número racional.

Nada e infinito são só limites para os quais as grandezas tendem, mas que nunca atingem. Conceitos abstratos são aproximações da realidade com valor meramente operacional, como os números imaginários (raízes quadradas de números negativos), que ajudam a resolver equações de eletrônica, mas não correspondem a nada palpável.

No fundo, o nada (isto é, o que não existe) e o infinito (o que não tem fim) são conceitos derivados do "não". E, como afirmei em "Como o *não* revolucionou o pensamento", o "não" só tem existência linguística: em outras palavras, é mais uma ilusão criada pela linguagem. Quando digo que na fruteira não há nenhuma laranja, o que tenho na realidade não é uma fruteira existente e laranjas inexistentes: tenho só a fruteira; as laranjas só existem na minha imaginação e na minha frase.

Portanto, a matemática, assim como a lógica e a própria língua, é um sistema simbólico criado pelo homem para descrever a natureza. Como todos os sistemas simbólicos, faz uma aproximação da realidade com base em como a vemos. E para nós o Universo dá a impressão de ser infinito, a Terra parece plana, o horizonte, retilíneo. Folhas de papel e linhas de costura parecem não ter espessura, pontos feitos a caneta parecem não ter extensão, o tempo parece fluir, e assim por diante. Mas é tudo ilusão da linguagem.

Linguagem, mente e cérebro

A TEIA MENTAL

Por muito tempo, o estudo da linguagem se restringiu à análise das línguas, e só em seus aspectos gramaticais (fonológicos, léxicos, sintáticos) ou sociais. Ao mesmo tempo, falar é algo tão intuitivo que é uma das primeiras coisas que aprendemos na vida. Por isso, não nos damos conta da complexidade dos processos mentais envolvidos na formulação de uma simples frase.

Somente na década de 1990 (a "década do cérebro"), pesquisas mais profundas sobre o funcionamento da mente, empreendidas pela neurociência, lançaram luz sobre a relação entre o cérebro e a linguagem.

O desafio é explicar não só como somos capazes de aprender a dominar um código complexo como a língua em idade tão tenra, mas como é possível formular enunciados complexos e dotados de lógica em fração de segundos. Ou seja, como conseguimos pensar e falar ao mesmo tempo.

Essas pesquisas inauguraram ciências de fronteira como a neurolinguística (não confundir com Programação Neurolinguística, que é uma técnica de autoajuda) e a semiótica cognitiva.

Com exceção dos provérbios, das frases feitas e das expressões idiomáticas (*puxa vida, que legal, só me faltava essa, não me admira, só se for agora*), que já estão estocados na memória, as frases e os textos que produzimos, oralmente ou por escrito, são inéditos e irrepetíveis: nunca os dissemos antes, nunca os diremos de novo.

Então como fazemos para criá-los?

O ato linguístico parte de uma elaboração mental, que se dá num nível conceptual profundo, de maneira abstrata, como se nossa mente convertesse os conceitos (todas as "coisas" em que podemos pensar) e as relações entre eles em equações matemáticas.

Esse processamento se assemelha ao de um computador (na verdade, o computador é um simulacro da mente humana), pois o cérebro trabalha com impulsos elétricos. É claro que, quando pensamos, imagens surgem na nossa mente, mas como imagens já são uma forma de linguagem, também são decorrência desse processamento abstrato prévio.

A partir daí, e de maneira bem resumida, pois a descrição detalhada do processo demandaria um livro, o enunciado conceptual formulado passa por vários níveis de transformação para resultar nas imagens, sons, palavras e gestos que povoam nossa cabeça enquanto pensamos (e que já são linguagens).

No caso da linguagem verbal, é nesse ponto que entra em ação a gramática universal proposta por Chomsky. A partir dela é que o cérebro busca formas linguísticas correspondentes na língua nativa do indivíduo (ao falar uma língua estrangeira, o processo é ainda mais complicado).

Nesse momento, dois módulos cerebrais distintos, responsáveis pelo vocabulário e pela sintaxe, interagem de modo a criar uma estrutura sintática "vazia" (por exemplo, sujeito-verbo-complemento) a ser simultaneamente preenchida com palavras. E já se sabe desde Saussure (início do século passado) que a língua é uma estrutura sintagmática linear em que cada "casa" (cada sintagma) é preenchida por um elemento extraído de um paradigma, ou seja, de uma lista de elementos que podem ocupar aquela posição.

Isso significa que, à medida que construímos uma frase, criamos uma estrutura sintática e preenchemos seus sintagmas com palavras que escolhemos em função da conceptualização que havíamos realizado. Isso me obriga a decidir, por exemplo, com qual termo completarei a frase *Milton Nascimento é um grande* _____ : *cantor, artista, músico*…?

Mas quando pensamos numa palavra, acionamos simultaneamente várias redes neurais.

Junto com o conceito, vem a imagem acústica da palavra, isto é, sua pronúncia (e, nesse caso, ouvimos internamente nossa voz e maneira de pronunciar) e, no caso das pessoas letradas, sua imagem gráfica, em cursivo ou letra de imprensa. (Quem grafa *atravez* ou *kilo* demonstra não ter uma imagem gráfica associada a essas palavras, pois essa imagem se fixa na mente com o hábito da leitura.)

Mas vem também toda uma teia de associações com outras palavras, por similaridade (*aquecimento* x *calor* x *quente*) e por contiguidade (*aquecimento* x *global*). Vem a estrutura morfológica da palavra em termos de flexão (gênero, número, conjugação verbal, regência etc.), pois temos de inseri-la numa frase em que ela terá de concordar com outras. Vem ainda a carga semântica que a palavra tem para nós (lembranças de ocorrências do vocábulo que nos marcaram, imagens mentais evocadas por ele, sensações e sentimentos associados), o que nos faz preferir certos termos a outros, configurando assim o nosso estilo pessoal de falar ou escrever.

Por fim, a ocorrência de uma palavra na mente aciona uma imagem motora, isto é, um conjunto de instruções que o cérebro envia aos órgãos responsáveis pela comunicação.

Se estamos falando, junto à imagem acústica vem o esquema muscular de nosso aparelho fonador; é por isso que, mesmo quando pensamos ou lemos, nossa língua se movimenta dentro da cavidade bucal como se falássemos de boca fechada.

Se estamos escrevendo, o esquema muscular consiste em instruções enviadas pelo cérebro às nossas mãos – e há uma grande diferença entre escrever à mão ou digitar num teclado: nosso cérebro desenvolveu dois esquemas musculares diferentes, correspondentes a essas duas habilidades manuais distintas. Vem ainda a gestualidade associada à palavra, como quando dizemos *Legal!* e simultaneamente estendemos o polegar para cima, num gesto de aprovação.

O mais surpreendente é que, sobretudo no caso da fala espontânea, todo esse processo se dá em frações de segundo, o que mostra que o cérebro tem uma velocidade de processamento que os computadores mais sofisticados ainda não conseguiram alcançar. E ocupando um volume menor do que muitas CPUs.

NO LABIRINTO DA MENTE

Sigmund Freud, o pai da psicanálise, dividiu as patologias mentais em dois grupos: as psicoses, de origem orgânica, distorcem o senso de realidade a ponto de levar o paciente a ser classificado como louco; e as neuroses, de natureza emocional, causam transtornos e infelicidade, mas não afetam a percepção da realidade. Segundo Freud, o que causa uma neurose não é o fato em si, mas o modo como o concebemos, a representação mental que fazemos da realidade.

Se a neurose tem a ver com representação simbólica e significação, pode-se dizer que é uma doença decorrente de sermos dotados de linguagem. O que produz o sofrimento emocional é o diálogo interior em que o eu se divide em dois e um deles "envenena" o outro com afirmações e perguntas que geram medo e insegurança.

Objetivamente falando, não há fatos bons ou maus: há simplesmente fatos. Por isso, alguns, após uma tragédia, caem em desespero; outros "levantam, sacodem a poeira e dão a volta por cima". Por isso, há pobres e anônimos felizes ao mesmo tempo que celebridades milionárias se afundam no álcool e nas drogas para fugir da realidade. Isso reforça a ideia, surpreendente para muitos, de que não vivemos no mundo real, mas numa realidade virtual criada por nossos próprios símbolos.

Sem dúvida, a linguagem trouxe vantagens ao homem. Afinal, permite a consciência, a memória e a imaginação. E é por isso que produz neuroses: recém-nascidos ou animais não criam as próprias neuroses, podem no máximo ser induzidos a elas.

Um animal confinado ou privado de sono pode desenvolver comportamentos neuróticos (automutilação, atos repetitivos etc.), mas só o homem é capaz de sentir medo dos próprios pensamentos. Isso não quer dizer que animais não pensem. Eles fazem representações mentais, planejam, sonham, imaginam. Mas sua atividade psíquica, segundo mostram pesquisas científicas, está focada no aqui e agora. Ante ameaças, antecipam mentalmente ações que ainda não realizaram (atacar, fugir etc.), tomam decisões (por qual lado ir) e aprendem com a experiência, o que equivale a arquivar informações e esquemas cognitivos no cérebro sob a forma de representações simbólicas. Mas é pouco provável que criem mentalmente situações que não existem – os animais não são bons ficcionistas. Menos provável ainda é que acreditem naquilo que imaginaram, confundindo realidade objetiva com representação simbólica. Pois é isso que faz um neurótico.

Embora estejamos falando de uma patologia, no âmbito da saúde mental o limite entre normalidade e distúrbio não é questão de presença ou ausência de sintomas, mas de gradação. Todos têm momentos de melancolia; o que caracteriza a depressão é a frequência e intensidade desse estado de espírito.

O desenvolvimento da linguagem nos permitiu um salto evolutivo em relação às demais espécies porque tornou possível o "pensamento desconectado". O termo, criado por neurocientistas, indica a capacidade de concebermos mentalmente situações passadas, futuras ou hipotéticas, por mais fantasiosas ou absurdas que sejam – em resumo, desconectadas da realidade efetiva, do aqui e agora.

É o que nos permite fazer abstrações e aplicar a novas situações um esquema abstrato deduzido de outras situações análogas, anteriormente experimentadas. Esse pensamento é chamado *What-If Thought* (pensamento "e-se…?"). Diante de uma ocorrência qualquer, somos capazes de formular perguntas e hipóteses do tipo: "O que aconteceria se…?", "E se eu fizesse isso em vez daquilo?".

Essa habilidade de visualizar prospectivamente o desenrolar de uma situação é o que nos permite criar de projetos de engenharia a romances policiais. Mas, na neurose, o pensamento desconectado formula cenários um pouco diferentes, algo como: "Será que isso vai acontecer? E se acontecer?". Combinado a uma baixa autoestima, que leva o indivíduo a crer no pior, esse padrão de pensamento supervaloriza a exceção, num misto de fatalismo e pessimismo. É o que a terapia cognitivo-comportamental chama de *erro cognitivo*.

Portanto, há uma distância entre as coisas em si e o significado que damos a elas. Até porque as coisas em si não têm significado; a ideia de que algo significa (isto é, representa, substitui) algo só é concebível por uma cabeça pensante. Só seres complexos como nós são capazes de perceber e, a seguir, conceber o mundo (pedras não veem nem ouvem, muito menos criam representações da realidade). Se nossa percepção já é falha, dadas as limitações da biologia, nossas concepções são ainda piores, já que resultam não só do uso de um sistema de símbolos criados por nós mesmos, mas da interferência de nossas experiências e vivências, o que inclui os valores culturais introjetados em nossa formação sem que tenhamos consciência.

Como disse Platão, vivemos no interior de uma caverna e tudo o que vemos são vultos da realidade exterior projetados na parede. A diferença é que, para ele, habitamos o mundo das coisas, mas a Verdade está no mundo das ideias, ao qual só se chega pelo pensamento. Já para a ciência moderna, vivemos no mundo das ideias – isto é, de signos, linguagem –, e a verdade, inatingível em si, está nas coisas. O que gera a neurose, a alucinação, a loucura, é a crença de que os signos são as coisas.

Notas

[1] Para mais informações sobre o chamado "mentalês", leia a seção seguinte.
[2] Podemos dizer que o "não" é um núon. Para a definição de núon, veja "Como pensamos a realidade".
[3] Segundo as teorias atualmente aceitas pela cosmologia, ciência que estuda a história e evolução do Universo, a expansão do cosmo é um fenômeno não local, portanto essa expansão pode-se dar a uma velocidade maior que a da luz, a qual só é válida para fenômenos no interior do Universo e não para o próprio Universo. Isso explica por que ele tem uma extensão muito maior do que teria se tivesse se expandido à velocidade da luz. Mesmo assim, sabemos que essa velocidade de expansão é finita, tanto que está se acelerando.

Agradecimentos

Por mais que escrever um livro seja tarefa individual, uma obra como esta sempre deve muito a muitas pessoas. Em primeiro lugar, quero agradecer a Luiz Costa Pereira Júnior, idealizador e editor da extinta revista *Língua Portuguesa*, publicada de 2005 a 2015 e da qual participei com uma coluna mensal chamada *Lógicas* de 2006 até seu fim. Ainda lembro o dia em que enviei a ele uma lista de temas sobre os quais gostaria de escrever, num momento em que eu ainda engatinhava como divulgador científico, ainda mais numa área tão pouco explorada por autores de popularização do conhecimento como a linguística. Sou muito grato a ele por ter confiado em mim e me cedido esse espaço. Grande parte do conteúdo deste livro é composto de artigos que publiquei naquela revista.

Agradeço também ao meu colega da Universidade de São Paulo Mário Eduardo Viaro, em minha opinião (mas não só minha) o maior etimologista da língua portuguesa, por ter-me convidado a integrar a equipe do NEHiLP, o Núcleo de Pesquisa em Etimologia e História da Língua Portuguesa da USP, e sob cuja supervisão fiz um de meus pós-doutorados. No NEHiLP, tenho tido a felicidade de trabalhar com algumas pessoas fantásticas, como os professores Marco Dimas Gubitoso, do Instituto de Matemática e Estatística da USP, Nelson Papavero, do Museu de Zoologia da mesma universidade, Mariana Botta, da Uniritter, Bruno Maroneze, da Universidade Federal da Grande Dourados, Michael Jones Ferreira, da Georgetown University, Daniel Kölligan e Martin Becker, ambos da Universidade de Colônia, Thomas Finbow, José Marcos Mariani de Macedo, Valéria Gil Condé, Vanessa Martins do Monte, Patricia de Jesus Carvalhinhos, Vanderlei Gianastacio, Yuri Fabri Venâncio, Érica de Freitas e Nilsa Areán Garcia, todos da FFLCH-USP.

Quero aqui também expressar minha gratidão a Ana Paula Hisayama pela leitura acurada dos meus originais e pelas preciosas críticas e sugestões, que muito enriqueceram meu trabalho. Agradeço também à minha agente Lucia Riff por toda a assessoria, ao meu amigo André Borrego por nossas infindáveis conversas e por seu incentivo, bem como à amiga e *coach* Josiane Henriques pelos inestimáveis conselhos e orientações.

Não poderia deixar de reconhecer também o apoio da equipe da Editora Contexto na pessoa de seu editor, Jaime Pinsky, de sua filha Luciana e de Pedro Alencar. E, de resto, a todas as inúmeras pessoas que direta ou indiretamente contribuíram para que esta obra viesse a lume e que deixo de mencionar nominalmente aqui por pura impossibilidade. A todos vocês meu muito obrigado.

Bibliografia

ARISTÓTELES. *Organon*. Trad. Jules Tricot. Paris: Vrin, 1946.
_____. *Metafísica*. Trad. Leonel Vallandro. Porto Alegre: Globo, 1969.
BARTHES, R. *Elementos de semiologia*. São Paulo: Cultrix/Edusp, 1971.
BEEKES, Robert S. P. *Comparative Indo-European Linguistics*. Amsterdam: John Benjamins, 2011.
BERLIN, Brent; KAY, Paul. *Basic Color Terms*: Their Universality and Evolution. Berkeley/Los Angeles: University of California Press, 1969.
BIZZOCCHI, Aldo. "O papel da tensão entre evolução linguística e nivelamento analógico e suas implicações na estrutura gramatical do português moderno". *Revista Brasileira de Lingüística*, v. 9, n.º 1. São Paulo: SBPL/ Plêiade, 1997, p. 59-71.
_____. *Léxico e ideologia na Europa ocidental*. São Paulo: Annablume/Fapesp, 1998.
_____. "O fantástico mundo da linguagem". *Ciência Hoje*, setembro de 2000, p. 38-45.
_____. "Cognição: como pensamos o mundo". *Ciência Hoje*, setembro de 2001, p. 34-40.
_____. *Anatomia da cultura*: uma nova visão sobre ciência, arte, religião, esporte e técnica. São Paulo: Palas Athena, 2003.
_____. "Revising the History of Germanic Languages: the Concept of *Germance*". *International Journal of Language and Linguistics*, v. 9, n.º 1, 2021, p. 1-5.
_____. "Gênese lexical nas línguas europeias ocidentais: a influência greco-latina e o perfil ideológico do léxico". *Cadernos do CNLF*, v. VIII, n.º 3, 2004.
_____. "Os problemas da classificação tradicional das unidades léxicas e uma proposta de solução: o critério sêmio-táxico". *Institut de l'Information Scientifique et Technique – Centre National de la Recherche Scientifique*, 2004. Disponível em: <http://services.inist.fr/cgi-bin/public/views_doc> Acesso em out. 2020.
_____. "A evolução lingüística de um ponto de vista darwiniano". *IV Jornada Nacional de Filologia*, 2005. Disponível em <http://www.filologia.org.br/ivjnf/01.html> Acesso em out. 2020.
_____. Como pensamos o mundo: a semiótica e a cognição humana. In: SIMÕES, Darcilia (org.) *Mundos semióticos possíveis*. Rio de Janeiro: Dialogarts, 2008, p. 51-73.
_____. *O indo-europeu e as origens da lingüística*. São Paulo: A&E Produções, 2008. /DVD/.
_____. "Como pensamos a realidade". *Scientific American Brasil*, n.º 82, março de 2009, p. 84-9.
_____. "Hyperdeep Semiotics and Cognition: How the Mind Conceives of Reality". In: GONÇALVES-SEGUNDO, P. R. et. al. *Anais do I Simpósio Internacional sobre Linguagem e Cognição*: I LINCOG. São Paulo: FFLCH-USP, 2015, p. 8-17.
BLIKSTEIN, Izidoro. "Caminhos e descaminhos da lingüística indo-européia". *Estudos Lingüísticos*. Anais de Seminários do GEL, v. XX, 1991, p. 14-9.
BLOOMFIELD, Leonard. *Language*. London: Allen & Unwin, 1957.
BÜHLER, Karl. *Teoría del lenguaje*. Madrid: Revista de Occidente, 1950.

CALVET, Louis-Jean. *La guerre des langues et les politiques linguistiques*. Paris: Hachette, 1999.
_____. *Historia de la escritura*. Madrid: Paidós, 2001.
_____. *As políticas linguísticas*. Florianópolis: Ipol; São Paulo: Parábola, 2007.
CARONE, Flávia B. *Morfossintaxe*. 9ª ed. São Paulo: Ática, 2001.
CASTILHO, Ataliba T. de (org.) *Para a história do português brasileiro*. Volume I: primeiras idéias. São Paulo: Humanitas, 1998.
CAVALLI-SFORZA, Luigi Luca. *Genes, povos e línguas*. São Paulo: Cia. das Letras, 2003.
CHOMSKY, Noam. *Language and Thought*. Kingston, RI: Moyer Bell, 1995.
_____. *Linguagem e mente*. São Paulo: Unesp, 2006.
CRICHTON, Michael, *Jurassic Park*. New York: Alfred A. Knopf, 1990.
DARWIN, Charles. *A origem das espécies*. São Paulo: Martin Claret, 2007.
DAWKINS, Richard. *O gene egoísta*. São Paulo: Cia. das Letras, 2007.
DEUTSCHER, Guy. *The Unfolding of Language*: an evolutionary tour of mankind's greatest invention. New York: Metropolitan Books, 2005.
_____. *O desenrolar da linguagem*. Campinas: Mercado de Letras, 2014.
DEVLIN, Keith. *O gene da matemática*. Rio de Janeiro: Record, 2004.
DIAMOND, Jared. *Armas, germes e aço*: os destinos das sociedades humanas. Rio de Janeiro: Record, 2009.
DUBOIS, Jean et al. *Dicionário de linguística*. São Paulo: Cultrix, s. d.
EAMES, Elizabeth R. *Bertrand Russell's Theory of Knowledge*. London: Routledge, 2012.
EVERETT, Daniel. Pirahã. In: DERBYSHIRE, Desmond C.; PULLUM, Geoffrey K. (orgs.). *Handbook of Amazonian Languages*, v. I. Berlin: Mouton de Gruyter, 1986.
_____. *A língua Pirahã e a teoria da sintaxe*: descrição, perspectivas e teoria. Campinas: Unicamp, 1991.
_____. *Linguagem*: a história da maior invenção da humanidade. São Paulo: Contexto, 2019.
FARACO, Carlos Alberto (org.) *Estrangeirismos*: guerras em torno da língua. São Paulo: Parábola, 2001.
FODOR, Jerry A. *The Language of Thought*. Cambridge, MA: Harvard University Press, 1983.
_____. *The Modularity of Mind*: an Essay on Faculty Psychology. Cambridge, MA: MIT Press, 1983.
FREGE, Gottlob. *Lógica e filosofia da linguagem*. São Paulo: Cultrix/Edusp, 1978.
GARDNER, Howard. *Estruturas da mente*: a teoria das inteligências múltiplas. Porto Alegre: Artmed, 1994.
_____. *A nova ciência da mente*: uma história da revolução cognitiva. São Paulo: Edusp, 1995.
GLEASON, Henry A. *An introduction to Descriptive Linguistics*. New York: Holt, Rinehart, Winston, 1961.
GREIMAS, Algirdas J. *Semântica estrutural*. São Paulo: Cultrix, 1996.
GUILBERT, Louis. *La créativité lexicale*. Paris: Larousse, 1975.
HARRIS, Roy. *Foundations of Indo-European Comparative Philology*. London: Routledge, 2000.
HAUGEN, Einar. Línguas nacionais e internacionais. In: HILL, Archibald A. (org.) *Aspectos da lingüística moderna*. São Paulo: Cultrix, 1974, p. 106-16.
HAWKING, Stephen. *Uma breve história do tempo*: do Big Bang aos buracos negros. 29ª ed. Rio de Janeiro: Rocco, 1999.
HILL, Archibald A. (org.) *Aspectos da lingüística moderna*. São Paulo: Cultrix, 1974.
HJELMSLEV, Louis. *Prolegômenos a uma teoria da linguagem*. São Paulo: Perspectiva, 1975.
ILARI, Rodolfo. *Linguística românica*. São Paulo: Ática, 1997.
INDO-EUROPEAN LANGUAGE AND CULTURE: an Introduction. Hoboken, NJ: John Wiley & Sons, 2009.
JESPERSEN, Otto. *Language*: its Nature, Development and Origin. London: George Allen & Unwin, 1922.
KANT, Immanuel. *Critique de la raison pratique*. Paris: PUF, 1985.
KLEIN, Étienne. *A física quântica*. São Paulo: Instituto Piaget, 2000.
KLEINMAN, Robert M. *As quatro faces do Universo*: uma visão integrada do Cosmos. São Paulo: Pensamento/Cultrix, 2009.
KOCH, Ingedore V. *Introdução à sintaxe estrutural*. São Paulo: Contexto, 1996.
KURZOVA, Helena. *From Indo-European to Latin*. Amsterdam: John Benjamins, 1993.
LEHMANN, Winfred P. *Theoretical Bases of Indo-European Linguistics*. London: Routledge, 1993.
_____. *Pre-Indo-European*. Washington, DC: Institute for the Study of Man, 2002.
LEIBNIZ, Gottfried W. *Novos ensaios sobre o entendimento humano*. Lisboa: Colibri, 1993.
LEMLE, Miriam. "Conhecimento e biologia". *Ciência Hoje*, maio de 2002, p. 34-41.
LÉVI-STRAUSS, Claude. *O pensamento selvagem*. São Paulo: Papirus, 1989.
LEVIT, Georgy S. "The Biosphere and the Noosphere Theories of v. I. Vernadsky and p. Teilhard de Chardin: a Methodological Essay". *International Archives on the History of Science/Archives Internationales d'Histoire des Sciences*, v. 50, n. 144, 2000, p. 160-76.

LINS DO REGO, José. *Menino de Engenho*. 18ª ed. Rio de Janeiro: José Olympio, 1972.
LOCKE, John. *Ensaio sobre o entendimento humano*. Lisboa: Fundação Calouste Gulbenkian, 1999.
LOPES, Edward. *Fundamentos da linguística contemporânea*. São Paulo: Cultrix, s. d.
LOTMAN, Yuri. "Tezisy k probleme 'Iskusstvo v rjadu modelirujuscix sistem'" ["Theses on the Problem 'Art in the Series of Modeling System'"]. *Trudy po znakovym sistemam*, III [*Studies in Sign Systems*, v. 3]. Tartu: Tartu University Press, 1967.
LUCCHESI, Dante. "As duas grandes vertentes da história sociolingüística do Brasil". *Delta*, v. 17, n.º 1, 2001, p. 97-130.
MADEIRA, Ricardo B. *Linguagem, semiótica e comunicação*. São Paulo: Plêiade, 1996.
_____. *Lógica e linguagem*: uma lógica dos universos de discursos. 2ª ed. São Paulo: Plêiade, 2001.
_____. *Fundamentos da linguagem e topologia da comunicação*. São Paulo: Plêiade, 2004.
MALFI, Luisa (org.) *On Biocultural Diversity*. Washington, DC: Smithsonian Institution Press, 2001.
MALMBERG, Bertil. *A língua e o homem*: introdução aos problemas gerais da linguística. Rio de Janeiro: Nórdica; São Paulo: Duas Cidades, 1976.
MARIOTTI, Humberto. *As paixões do ego*: complexidade, política e sociedade. São Paulo: Palas Athena, 2008.
MATTOS E SILVA, Rosa Virginia. *O português arcaico*. São Paulo: Contexto; Salvador: UFBA, 1994.
_____. *Ensaios para uma sócio-história do português brasileiro*. São Paulo: Parábola, 2004.
_____. *O português são dois*: novas fronteiras, velhos problemas São Paulo: Parábola, 2004.
MATURANA, Humberto; VARELA, Francisco. *A árvore do conhecimento*: as bases biológicas da compreensão humana. São Paulo: Palas Athena, 2001.
MCALISTER, Hugh; CROMPTON, David A.; MILLS, Norman E. "Big, Bigger, Biggest: the Concept of Primitiveness and Derivation Concerning Comparatives and Superlatives". *Cognitive Sciences Review*, v. 12, 2001, p. 33-45.
MERLEAU-PONTY, Maurice. *Phénoménologie de la perception*. Paris: Gallimard, 1945.
_____. "Conscience et l'acquisition du langage". *Bulletin de Psychologie*, n.º 236, v. XVIII, 3–6, novembro de 1964.
MICHAELIS: Moderno Dicionário da Língua Portuguesa. São Paulo: Melhoramentos, 1998.
MÖLLER, Hermann. *Vergleichendes indogermanisch-semitisches Wörterbuch*. Göttingen: Vandenhoek & Ruprecht, 1970.
MORRIS, Charles W. *Fundamentos da teoria dos signos*. Rio de Janeiro: Eldorado, 1976.
NUSSENZVEIG, H. Moysés (org.) *Complexidade e caos*. Rio de Janeiro: UFRJ, 1999.
PAIS, Cidmar T. *Ensaios semiótico-lingüísticos*. Petrópolis: Vozes, 1977.
_____. "La structuration du signifié: de l'analyse conceptuelle à la lexémisation". *Acta Semiotica et Linguistica*, v. 2. São Paulo: Hucitec/SBPL, 1978.
_____. "Semiose, informação e transcodificação". *Língua e literatura*, n.º 8. São Paulo: FFLCH-USP, 1979.
_____. "Algumas reflexões sobre os modelos em lingüística". *Língua e literatura*, n.º 9. São Paulo: FFLCH-USP, 1980.
_____. "Semântica cognitiva, semântica de língua, sociossemiótica e semiótica da cultura: instâncias e processos de produção". *Anais da 43ª Reunião Anual da SBPC*. Rio de Janeiro: UFRJ, 1991, p. 376-7.
_____. *Conditions sémantico-syntaxiques et sémiotiques de la productivité systémique, lexicale et discursive*, 3 Tomos. Paris: Sorbonne, 1993. Tese (Doutorado de Estado) – Université de Paris I.
PASCHOALIN & SPADOTO. *Gramática*: Teoria e Exercícios. São Paulo: FTD, 1989.
PINKER, Steven. *Como a mente funciona*. São Paulo: Cia. das Letras, 1998.
_____. *O instinto da linguagem*. São Paulo: Martins Fontes, 2002.
PLATÃO. *Crátilo*. Trad. Maria José Figueiredo. Lisboa: Instituto Piaget, 2001.
_____. *A República*. Trad. Anna Lia a. a. Prado. São Paulo: Martins Fontes, 2006.
POMBO, Olga. *Leibniz e o problema de uma língua universal*. Lisboa: Junta Nacional de Investigação Científica e Tecnológica, 1997.
POTTIER, Bernard. *Linguística geral*: teoria e descrição. Rio de Janeiro: Presença/Universidade Santa Úrsula, 1978.
RASTIER, François. *Sémantique et recherches cognitives*. Paris: PUF, 2001.
RUSSELL, Bertrand. *On Denoting*. Mind New Series, v. 14, n.º 56, 2009, p. 479-93.
SAID ALI, Manuel. *Dificuldades da língua portuguêsa*: estudos e observações. 5ª ed. Rio de Janeiro: Acadêmica, 1957.
SANTO AGOSTINHO. *Confissões*. Trad. J. O. Santos. Petrópolis: Vozes, s. d.

SAPIR, Edward. *A linguagem*. Introdução ao estudo da fala. Rio de Janeiro: Acadêmica, 1971.
SARTRE. Jean-paul. *O ser e o nada*: ensaio de ontologia fenomenológica. Petrópolis: Vozes, 2005.
SAUSSURE, Ferdinand de. *Curso de linguística geral*. São Paulo: Cultrix, 2003.
SCHAFF, Adam. *Linguagem e conhecimento*. Lisboa: Almedina, 1974.
SCHRIJVER, Peter. *Indo-European*. London: Routledge, 2009.
SCHRÖDINGER, Erwin. "Die gegenwärtige Situation in der Quantenmechanik" ("A situação atual da mecânica quântica"). *Die Naturwissenschaften*, v. 23, n.º 48, 1935.
SILVA, Luiz Antônio da. *A língua que falamos*: português, história, variação e discurso. São Paulo: Globo, 2005.
SPINA, Segismundo (org.) *História da língua portuguesa*. Cotia: Ateliê Editorial, 2008.
STÖRIG, Hans Joachim. *A aventura das línguas*: uma viagem através da história dos idiomas do mundo. 3ª ed. São Paulo: Melhoramentos, 1990.
TERRA, Ernani. *Linguagem, língua e fala*. São Paulo: Scipione, 2008.
TERRELL, John Edward (org.) *Archaeology, Language, and History*: Essays on Culture and Ethnicity. Westport, CT: Greenwood, 2001.
TESNIÈRE, Lucien. *Éléments de syntaxe structurale*. Paris: Klincksieck, 1959.
TEYSSIER, Paul. *História da língua portuguesa*. 3ª ed. São Paulo: Martins Fontes, 2007.
VAUGELAS, Claude Favre de. *Remarques sur la langue française*: utiles à ceux qui veulent bien parler et bien écrire. Paris: Champ Libre, 1981.
VIARO, Mário Eduardo. *Por trás das palavras*: manual de etimologia do português. São Paulo: Globo, 2003.
_____. *Etimologia*. São Paulo: Contexto, 2011.
_____. A língua do Paraíso. *Língua Portuguesa*, março de 2013, p. 26-8.
WHORF, Benjamin Lee. *Lenguaje, pensamiento y realidad*. Barcelona: Barral, 1971.
WILLIAMS, Edwin B. *Do latim ao português*: fonologia e morfologia históricas da língua portuguesa. Rio de Janeiro: Tempo Brasileiro, 1986.
WITTGENSTEIN, Ludwig. *Tractatus logico-philosophicus*. London: Routledge, 2001.

O autor

Aldo Bizzocchi é doutor em linguística e semiótica pela Universidade de São Paulo (USP), com pós-doutorados em linguística comparada na Universidade do Estado do Rio de Janeiro (UERJ) e em etimologia na Universidade de São Paulo. É pesquisador do Núcleo de Pesquisa em Etimologia e História da Língua Portuguesa da USP e professor de linguística histórica e comparada. Foi de 2006 a 2015 colunista da revista *Língua Portuguesa*. Site oficial: www.aldobizzocchi.com.br.

GRÁFICA PAYM
Tel. [11] 4392-3344
paym@graficapaym.com.br